Copa Books

■自治体議会政策学会叢書■

情報社会と議会改革

ソーシャルネットが創る自治

小林 隆 [著]
東海大学政治経済学部准教授

イマジン出版

目　次

はじめに ……………………………………………………… 7
0.1 NHKとツイッター——情報の過去と未来 ……………… 7
0.2 本書の構成 …………………………………………… 11

第1章　情報社会——なぜICTが必要なのか？ …………… 14
1.1 好ましい選択に不可欠な情報——不確実性の低減 …… 14
1.2 気づいていないことに気づく——外部入力系の重要性 … 16
1.3 気づきのための最新研究 ………………………………… 20
1.3.1 遠隔操作で動くネズミ——Remote Controlled Rat …… 20
1.3.2 ICチップと脳——I, Cyborg ………………………… 23
1.3.3 神経コミュニケーションが広げる世界 ……………… 27
1.4 人はなぜつながるのか？ ………………………………… 28
1.4.1 小さな世界はこうしてできる ………………………… 28
1.4.2 弱いつながりの意外な強さ …………………………… 31
1.4.3 ネットワークの急成長と崩壊 ………………………… 34
1.4.4 似ている大都市と地方の関係 ………………………… 36
1.4.5 つながりとその持続性 ……………………………… 37
1.5 まとめ——自治のためのICTの役割 …………………… 38

第2章　縮減社会のはじまりに必要な情報政策 …………… 40
2.1 日本の超長期人口の推移 ………………………………… 40
2.1.1 急激な人口増減とネットワーク論 …………………… 43
2.1.2 都市よりも先だった地方の成長 ……………………… 45
2.2 「超」少子高齢社会の到来 ……………………………… 48
2.3 大改革へ舵が切れない理由 ……………………………… 51
2.3.1 税収の2倍の歳出予算が意味するもの ……………… 51

2.3.2　国家財政破たんへのシナリオ ……………………………… 54
　　2.3.3　困難と真実を伝える情報政策 ……………………………… 57
　2.4　世界人口の急減と高齢化 ……………………………………………… 63
　2.5　まとめ―縮減社会の全体最適性の確保 ……………………………… 67

第3章　議会の情報化と独自性の確保 …………………………… 69

　3.1　社会活動の主体としての住民 ………………………………………… 69
　　3.1.1　公と私・官と民による社会活動モデル …………………… 69
　　3.1.2　貢献・福祉モデルにおける主体選択制 …………………… 72
　　3.1.3　課題解決に必要な主体選択 ………………………………… 73
　3.2　フィードバックのない議会 …………………………………………… 75
　　3.2.1　成長に甘んじた弱い議会 …………………………………… 75
　　3.2.2　低い政治への関心と住民参加率 …………………………… 77
　3.3　議会の情報化の課題と実態 …………………………………………… 78
　　3.3.1　国会および都道府県議会のサイト ………………………… 79
　　　1）衆議院・参議院 ………………………………………………… 79
　　　2）北海道議会・東京都議会 ……………………………………… 81
　　　3）日本の議会サイトの基本構成 ………………………………… 83
　　3.3.2　東京都23区議会の現状 ……………………………………… 84
　　　1）荒川区議会・世田谷区議会 …………………………………… 85
　　　2）渋谷区議会・練馬区議会 ……………………………………… 87
　　　3）品川区議会・中野区議会 ……………………………………… 90
　　　4）杉並区議会・千代田区議会 …………………………………… 92
　　　5）台東区議会・目黒区議会 ……………………………………… 94
　　3.3.3　地方議会のウェブサイトの課題 …………………………… 96
　3.4　まとめ―縮減社会で必要な議会の情報化 …………………………… 98

第4章　民主主義とソーシャルネットワーク ……………… 100

　4.1　人々の意識とソーシャルネットワーク ……………………………… 100
　　4.1.1　映像の多用と受け手の意識 ………………………………… 100

4.1.2　政権運営とソーシャルネットワーク ……………… 103
　　4.1.3　ソーシャルネットワークの動きを知る ……………… 105
　　4.1.4　政策に関わる論点を明確にする ……………………… 108
　4.2　多量・多様な課題解決に不可欠なSNS
　　　　―ソーシャルネットワークの役割 …………………………… 111
　　4.2.1　つながりによる自発性の確保 ………………………… 111
　　4.2.2　情報化による対話と議会の主体選択 ……………… 117
　　　　1）住民と行政の対話までの道のり ……………………… 118
　　　　2）計画による対話 ………………………………………… 120
　　　　3）議会による主体選択 …………………………………… 124
　　　　4）マッチングファンドによる課題解決 ………………… 127
　　4.2.3　シアトルにおける主体選択制度 …………………… 134
　4.3　議会の透明化と議場の情報化 ………………………………… 137
　　4.3.1　ウェールズ議会の誕生 ……………………………… 137
　　4.3.2　ウェールズ議会の最新設備 ………………………… 139
　　4.3.3　議会の透明化と地域の活性化 ……………………… 143
　4.4　まとめ―議会改革のための情報政策の課題 ……………… 145

第5章　結論：情報社会の自治
　　　　―ソーシャルネットワークによる民主主義の再生 …… 148

　5.1　顕在化する個人と全体の対立 ………………………………… 148
　5.2　収入よりも義務や職務の分配が重視される ……………… 150
　5.3　フィードバック・ルートを確保する ………………………… 151
　5.4　公正が実感できる主体選択制を導入する ………………… 152

おわりに ……………………………………………………………………… 155

著者紹介 ……………………………………………………………………… 157

コパ・ブックス発刊にあたって ………………………………………… 158

はじめに

0.1 NHKとツイッター
―情報の過去と未来

　日本の自治体を取り巻く環境が厳しさを増している。自治体の政治的、経済的混乱は、深まるばかりのように感じられる。

　それに加えて、2011年3月11日に東日本を襲ったM9.0の東北地方太平洋沖地震は、巨大津波を発生させ、東北、関東の多くの自治体に人命と財産への壊滅的な打撃を加えた。想定をはるかに超える大きさの津波は原子力発電所の設備をも飲み込み、放射性物質の漏えいが、日本人のみならず世界中の人々を不安へと陥れた。

　NHKは、震災直後からインターネット放送のUstream（ユーストリーム）のサイトと連携して震災関連放送を日本語はもちろん、英語で海外向けにも配信していた。配信された画面の横には、Twitter（ツイッター）による人々のつぶやきが流れ続け、そこにある人々の声は、壊滅的な打撃を受けた人々への応援メッセージとともに「情報がもっと必要だ」「真実を伝えろ」というものに終始した。

　公共放送として権威ある情報提供を使命とするNHKと、放送と個人を結ぶUstream、そして個人のメディアTwitter、それぞれのメディアが発信する情報は、人間の手には到底負えないと思われるほどに深刻な大災害への対処と復興という社会的課題に対して

どのように機能するのだろうか。そして、それぞれのメディアは、未曾有の大災害の前でどのような関係を築こうとしていたのか。

　一方向に情報を流すNHKは強大な権力を有する国家のようでもあるし、Ustreamは公共の情報を市民に伝える地方公共団体のようでもあり、Twitterから流れる情報は権力に向かって叫ぶ国民の声のようでもある。

　ここでもう一度、日本の自治体を取り巻く環境が、なぜ、悪化していると感じるのかについて考えてみたい。中央集権的な政治と行政を展開してきた国が機能せず、昔のように、国の言うことを聞いていても自治体は機能しない。それではと地方分権を掲げて改革を叫ぶ政治家にその遂行を任せては見たものの、参加を求められた住民は随分と声を上げてはみたが、その声は結局素晴らしい社会を取り戻すこともなくもどかしい。

　もう何十年もの間、リーダーと呼ばれる人々が政治や経済の改革を叫んでいる。しかし、日本の政治は混迷し、経済は衰退に向かっている。大災害、そして高齢化と少子化による急激な人口減少社会を世界で初めて経験する大転換期の私たちの国は、これらの問題にどのように対処すべきなのだろうか。

　以上のような背景から本書は、テレビ、ラジオ、インターネットを利用した放送、ブログ、Twitterなどの多様なメディアから流れ出る情報を観察する。そして、少々大きく構えるが、人々が形成するソーシャルネットワークが、情報社会において、なぜこれほどまでに重みを持つのかについて考察を加えつつ、社会の大転換への対処方法の端緒を明らかにすることを目的

とする。

　これまで識者と呼ばれる人々が、批判的なコメントを社会やそれをコントロールする権力者に対して投げかけてきた。しかし、議会や行政の現場にいる政治家や実務家の前で、「悪化」と感じられる社会を「良好」と感じられる社会へと転換させる具体的な対処法を用意し、実践した者はない。研究者も、過去の現象の分析には有能であるが、未来に向けての答えを出すことはできずにいる。

　その未来への答えを出すのは、おそらく自らの判断に基づいて行動する無数の個人に他ならない。しかし、そこで展開される新しい社会を構築する個人の思想は、従来からの多数により最後の決定をゆだねるこれまでの民主主義でもなく、また多量の商品やサービスが売れることによってもたらされる富を最大多数の最大幸福のために再配分する資本主義でもなさそうである。

　情報社会で私たちの周りには、過去の人々が積み重ねた英知が無数の情報や知識として存在する。私たちは、それらを自ら記憶することなく、限りなく小さなコストで参照することができる。

　情報社会は、人々に気づきを与えるシステムを発達させている。自動車のナビゲーションシステムは、人々が見知らぬ目的地に効率的に到達できるように事前に曲がるべき方向を知らせてくれる。道路に設置されたセンサーが進行方向に渋滞を予見するならば、再度適切なルートを知らせてくれる。そしてドライバーは目的地に最適なルートで到達する。さらに道路管理者は、渋滞箇所に車が集中することを避けることができるし、分散した車が別のルートをどのようなコン

ディションで移動しているのかを把握することもできる。情報社会が与える個人への気づきは、全体の最適化にも役立つのである。

　情報社会の個人は、様々なメディアによって無数の情報や知識を参照し、またメディアから知り、気づかされることによって不確実性を低減することが容易になっている。人々は、自らの身に起こる問題を自らが良好な結果へと導くことを可能にしつつ、全体の状況を知ることができるようになりつつある。それは言わば、情報による部分と全体の最適化を可能とする情報社会の自治である。

　情報社会の自治は、個人が、インターネットなどから気づきを与えられ、より深い情報を参照しつつ、社会システムを形成して自律的な安定を求めることで成立する。それゆえ、誰かが設計して誰かが決めた社会システムに個人が依存して、うまく行く社会ではない。そのことは、個人の多様性に対する社会的権力の一元的な対応への批判と、それが引き起こす混乱を踏まえれば明らかである。

　日本の自治体を取り巻く環境が良好だったという経済成長に支えられた過去を振り返ってみよう。人々は地方を捨てて、大都市に集中したが、そこでは住宅の取得もままならず、満員電車に揺られる日々を送ってきた。そこで暮らす人々は幸せだっただろうか。私たちは貧しさから物的な豊かさへ向かうことに必死であった。そして今、私たちは、地域社会のコミュニティを崩壊させ、核家族は個族化し、家族という基礎的な社会システムすらも失いつつある。

　時間に追われ、生産と消費に追われ続けた20世紀の価値観にとらわれず、未来の価値観はどのようにあ

ればよいのか。Blog、mixi、Facebook、Twitterなどの様々なメディアを流れる情報は、それらがあたかも未来社会から来たツールであるかのようなふるまいを見せる。本書が、それらの情報を考察することで、人々が求める新しい社会的つながり、ソーシャルネットワークとは何かについて考える契機となれば幸いである。

0.2 本書の構成

　第1章は、情報社会の特徴を表す技術としてのICT（Information Communication Technology：情報通信技術）の必要性について、それを利用する個人の視点と人々が作るつながりの2つの視点から考えてみたい。私たちの社会では既にインターネットやそれに接続された携帯電話を所持することが当然のことになっている。しかし、このような状態は今から20年前には予想だにしなかったことである。私たちは、なぜ、ICTを利用するために、携帯電話やノートパソコンなどの情報メディアを肌身離さず行動するのだろうか。その答えに接近する。

　第2章は、ICTにより個人の視点が尊重される情報社会の改革のあり方について考察する。高齢化と少子化による急激な人口減少は、個人の視点から行動する人々に何を求めるのか。従来からの改革が目指してきた経済の開発と成長を目標とする社会改革の視点は、貧しさから物的な豊かさを獲得する過程であった。物的豊かさを獲得し、人口が減少する社会とその人々は何を求め、何を求められるのか。その答えに迫りたい。

第3章では、社会の縮減と持続を目標とする社会改革の一つの方法として主体選択という概念を提案する。経済成長に支えられた大きな政府が小さな政府へと変わるとき、住民を重要な自治の主体と考えざるを得ない。行政、住民、そして企業は地域社会の課題解決の主体としてどのように選ばれるのか。その時、議会はそして行政は何をすればよいのか。個人の視点、つまりは住民の視点は、本来その反映の場であるべき地方議会になぜ反映されにくいのか。ウェブサイトから、現在の情報の流れの滞りをとらえ、議会による主体選択の課題を明らかにする。

　第4章では、人口減少から約50年の時間をかけて安定を取り戻した米国、英国の事例から主体選択の方法について、ウェブサイトの現状や、行政と住民の間に流れる情報から考察を加える。ウェブサイトはどのように機能し、Facebook、TwitterなどのSNS（Social Networking Service：ソーシャル・ネットワーキング・サービス）は何のために活用されているのか。社会活動の主体としての行政と住民の役割を判断する議会は、どのように機能すべきなのか。現実の自治システムと情報システムとの連携を米英の事例から学び、主体選択制を基礎とする情報社会の自治システムのあり方について考察する。

　人口や環境などの社会状況の変化を100年程度の期間において推計することは、情報システムの発展とともに困難ではなくなってきている。しかし、個人の視点からは、明日や来週、あるいは来年程度の未来は重要であるが、生命の時間を超える超長期の視点は無用である。

　けれども、私たちは超長期の視点から明らかなとお

り、成長社会から縮減社会への大転換をひとりひとりの生命の時間を超えて成し遂げなければならない。その変化は急激ではあるが、人間の生命のサイクルからは超長期の変化と感じられる時間の中で、縮減と持続を個人の判断を基礎とする自治によって達成することが情報社会の最大の課題である。

　第5章では、前章までに明らかにした情報社会の自治の課題と情報社会における公正について考察しつつ整理することで、縮減と持続への大転換の社会的方策とそのあり方について論じたい。

 # 情報社会
― なぜICTが必要なのか？

1.1　好ましい選択に不可欠な情報
　　　―不確実性の低減

　私たちは、なぜ、ICTを利用するのだろうか。そして、それを利用するためのメディアを肌身離さずに行動するのはなぜだろうか。

　図1-1は、情報・知識と人間の判断プロセスとの関係を表したものである。

　普段、私たちが生活していると様々な場面で判断が求められる。例えば、初めて入ったレストランのメニューの中から注文する品を選ぶ場合もそうであるし、選挙で立候補者の中から投票する人を決める場合

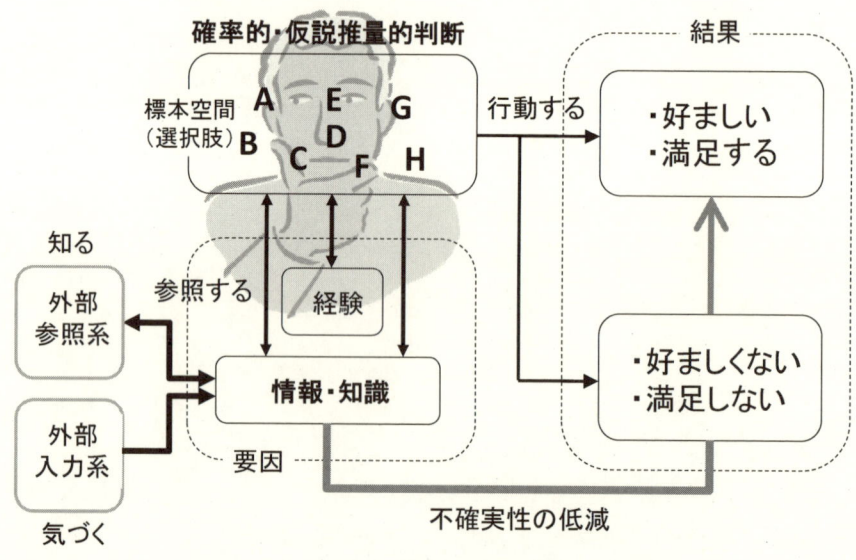

図1-1　情報・知識と人間の判断プロセス

もそうである。

　出張で初めて降り立った駅前で昼食をとることになったとしよう。何軒かの近くにある飲食店から対象を選ぶことになるだろう。見知らぬ商店街で何の情報も持ち得ていないとすれば、少し歩きまわり、何軒かの飲食店をみつけては、店構えや入口に掲げてある昼食のメニューなどの情報を得ることだろう。徒歩では行動範囲も限られているから、その数件の飲食店が図1-1の標本空間であり、選択肢ということになる。

　この場合、選択肢となった飲食店の情報は、目で確認した店構えやメニューなど限られた情報でしかない。そこでは過去の経験によって、これらの選択肢の中から昼食をとる飲食店を決定して、昼食をとるという行動を起こさなければならない。

　過去の経験とは、自分の好みや昨日食べたものは何か、今まで美味しかった店はどんな店構えであったか、看板にランチとして掲げられたメニューの内容や料金は過去に入った店に比べて妥当なものか、など自身の脳内に記憶された成功や失敗などの経験に基づくものである。

　一人の人間の経験から得られる情報や知識は限られる。これまでの経験によればこういった店構えなら美味しいだろうと仮説推量的に、あるいは「ええいっ！　どこでもいいや！」と確率的に判断した結果は、注文したランチの内容も好ましくなく、味も満足できないものとなる可能性も高い。

　出張時のランチくらいならば、経験に基づく判断により、少々好ましくない、あるいは満足できない結果となっても、空腹が満たされれば問題はないのかもしれない。

しかし、これが初めてのデートで訪れる場所でのランチともなれば話は別である。経験に基づく判断で失敗しては困るから、事前に訪れる場所の周辺にどのようなレストランがあるのか、GoogleやYahoo!などのインターネットの検索エンジンなどによって候補となる飲食店を参照するだろう。そしてグルメサイトなどを参照して、その店の評判はどうか、メニューにはどのようなものがあるのか、料理の値段はどのくらいなのかを事前にインターネットで参照して、どうすれば楽しくも美味しい昼食の時間を過ごすことができるのか、この店ならばこんな満足、あの店ならばこんな好ましさとうまく行く選択肢について、仮説し、推量することを繰り返すことだろう。

　インターネットを利用したこの行為は、インターネットという自分の脳の外部を参照する外部参照系を利用する行為に他ならない。そしてこの行為は、標本空間を広げる、つまり選択肢を増やすことと、対象となる飲食店に関わる情報と知識を増やすことによって、好ましくないあるいは満足しない結果となる確率、つまりは不確実性を低減しようとする行為に他ならないのである。

1.2　気づいていないことに気づく
　　　　―外部入力系の重要性

　デートでの昼食のためにGoogleやYahoo!、あるいはグルメサイトなどのような外部参照系を駆使して、数々の情報と知識を手に入れ標本空間を拡大して選りすぐったレストランだったのだが、それでも残念なことに相手が満足せずに好ましい結果が得られない場合がある。何が災いしたのだろうか。

太郎くんは、花子さんのためにデートで訪れる予定の港町のレストランの中から、奮発してフランス料理のランチを選んで予約した。花子さんは店の場所も雰囲気も大変気に入ってくれたようだったのだが、料理として出された濃厚なシャンピニオン（マッシュルーム）・ソースのステーキがメインとして出されると、様子が変わってしまった。彼女は、マッシュルームをよけながらステーキを口に入れたが、半分も食べないうちに「美味しかった、もうお腹がいっぱい」と言ってフォークとナイフを置いてしまった。

　太郎くんは、花子さんがきのこを苦手としていることに気づかずにこの店のこの料理を選んでしまったのである。太郎くんは、熱心に標本空間と情報知識の拡大に取り組んだわけであるが、最後は、自分の経験を頼りに、この店のシャンピニオン・ステーキを選んでしまった。太郎くんは、肉の旨味がきのことマッチしたシャンピニオン・ステーキが大好きだったので、これは最高の選択だと思い込んでしまったのである。

　外部参照系は、情報や知識を参照する際に、参照する者の経験に依存する。太郎くんは知らぬ間に自分の経験をもとに情報・知識を収集し、情報空間を広げたのである。そこには、初めてデートする花子さんの好みに気づく余地はなかったのである。

　メディア論で有名なマーシャル・マクルーハンが「最近気づいていないことは何か？」と問いかけているが[1]、気づいていないことには気づかないのである。口うるさいおじさんや、おせっかいなおばさん、自分の関心とは程遠いテレビ番組から気づいていないこと

---

[1] W・テレンス・ゴードン（2001）『マクルーハン』筑摩書房、p144

を知らされることは数多くある。

　恋愛でお互いを理解するのには時間がかかる。それは、コミュニケーションの相手の好き嫌いを知るためには、パートナーから気づきを与えられなければならないからである。しかし、そのパートナーも相手が何に気づいていないのかを知ることができない。気づいていないことには、気づかないからである。

　しかし、目的が明確な場合には、五感で気づくことのできない情報に気づきをあたえることはできる。現在走行中の道路のはるか遠くに渋滞があることを知らせてくれるナビゲーションシステム、そろそろ雨が降りそうだとメールで知らせてくれる天気予報のシステム、携帯電話の利用料が一定額を越えたことを知らせるシステムなどはそうした気づきを与えるシステムの一例である。

　気づいていない人に気づきを与えるシステムを本書では、図1-1左下にあるとおり、外部入力系の情報システムと呼ぶことにする。現在の情報社会で発達してきた外部参照系の情報システムは、その検索対象を自分の経験や関心に依存してしまう。例えば、検索エンジンに入力する文字は、知りたい、あるいは知るべきと気づいている文字列である。

　先の太郎くんの事例では、「港町」「レストラン」「おいしい」「フランス料理」などのキーワードを入力して、好ましい結果が得られると彼は考えて、レストランの選択肢を広げ、デートで使うレストランを絞り込んでいったはずである。

　しかし、問題は「好ましい」と判断したのは、太郎くんの価値観によるものであり、それは花子さんのものではない。太郎くんは、自分の価値観において港町

周辺にあるレストランの情報・知識を深めることはできたものの、花子さんの好ましさには気づくことができなかったのである。

　現在の情報社会は、外部参照系の情報システムが発達して、「自分」の関心や価値観に基づく標本空間を拡大させ、それら選択肢の中から好ましさや満足を求めて、必要となる情報・知識を深めることを可能にしているに過ぎない。

　このことは自分の関心に立脚することから、個人の視点を強く際立たせることになる。最近、住民の視点が強く協調され、住民のことを市民と呼び、単なる居住者としての住民とは異なる自立的あるいは自律的な意味合いを含む言葉を用いることとも無縁ではないだろう。

　個人の視点から好ましい結果が得られやすい環境がもたらされることは、自分にとって悪い事ではない。しかし、ともすると自分の関心に閉じこもったり、自分の価値観に強くこだわりすぎたりする傾向を示す場合もある。自分の世界に閉じこもり、自分がうまく行かない理由を外部参照系の情報システムを利用して探すならば、自分勝手な解釈が生まれ、時に無差別に人を傷つけるなどの行為を起こす場合もある。

　他者がどのように、あるいは自分を取り囲む環境がどのような状態にあるのかについて気づきを与える外部入力系の情報システムが発達することは、個人の視点をバランスよく機能させることと、バランス良く全体を調和させることにとって、ことのほか重要なのである。

1.3　気づきのための最新研究

　Twitter は、自分の現在の気持ちなどを 140 文字という短い文章で発信する SNS の一種である。短いつぶやきは、フォローと表現されるつながりを持つ仲間全員に向けて発信される。受信者は仲間の現在の気持ちにリアルタイムで気づくことができる。

　太郎くんも花子さんのつぶやきを慎重にチェックしていれば、きのこが食べられないことに気づいたのかもしれない。しかし、このような文字により気づきを与える道具は、太郎くんと花子さんのように恋愛関係にあって、お互いに極めて関心が強い場合には、良く機能するのかもしれない。だが、数人、数十人あるいは数百人という仲間のつぶやきをいつもフォローしていることはできないし、やるとすれば苦痛である。

　携帯電話に届く電子メールでも、携帯電話の本体を振動させることによって触覚から気づきを得ることも可能だが、これとて、多忙なときには内容を見ずにいるだろうし、数が多くなれば、いちいち振動させることも内容を確認することも面倒になるだろう。

　無数の情報に囲まれて暮らす中で、自分にとって必要な気づきを得るには、一体どうすれば良いのか。気づきのための最新技術を紹介する。

1.3.1　遠隔操作で動くネズミ
─Remote Controlled Rat

　リモート・コントロール・ラット（Remote Controlled Rat）は、文字通り遠隔操作可能なネズミのことである。米国ニューヨーク州立大学のジョン・チェーピン（John Chapin）教授は、脳研究者でネズミをコント

ロールする研究から脳と機械のコミュニケーションの可能性について研究を深めている。

　この研究は、ネズミの脳に電極を接続して無線でパソコンから信号を送ることで、ネズミを操作しようという試みである（図1-2）。ネズミの脳には電極が埋め込まれ、彼の頭の上には電極に接続された小さなコンピュータが搭載されている。そこには小さなアンテナが付属する無線装置とカメラも接続されている（図1-2左）。

　このネズミのコンピュータに、図1-2右のパーソナル・コンピュータのキーボードの右向きの矢印キーを押すと、右に曲がれと指示する信号が送られる。するとネズミは右に曲がる。また左に曲がるように指示するとネズミは左に曲がるのである。

　この装置を人間に施すならば、自由に人間をコントロールできるのではないかという恐怖や気味悪さを感じる方があるかもしれない。だが、そのようなことは現実には起こらないだろう。

　なぜならば、ネズミは右に、あるいは左に曲がれという指示が、コンピュータからあったとしても、嫌な

 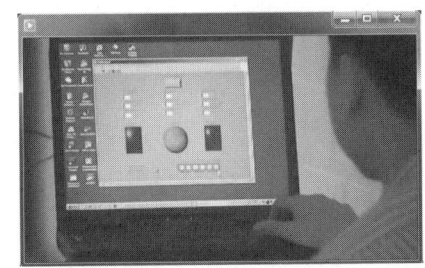

図1-2　Remote Controlled Rat
出所：ニューヨーク州立大学　John Chapin 教授、画面のビデオは YouTube の shadowlabs.org チャンネルより。

らば曲がらなければ良いのである。ネズミは曲れという命令に従うことが自分にとって好ましい結果を生むことを仮説推量するからこそ、その命令に従うのである。

ネズミは、パーソナル・コンピュータから発信された命令に従うとご褒美がもらえることを知っている。そのご褒美とは、同じくパーソナル・コンピュータから得られる快楽中枢を刺激する信号なのである。

ネズミが、コンピュータから送られる左右に曲がれという命令に従って行動する理由は、脳内の快楽中枢が刺激されることによるご褒美にある。だから、正確に言えばネズミはコントロールされているというよりも、快楽信号という餌につられて言う事を聞くのである。餌がもらえるから言う事を聞くというのは、サーカスなどで見られる動物の芸と餌の関係と変わらない。

だが、チェーピン教授の研究において注目すべき点は、ネズミの「右へ曲がれ」という脳内で利用される信号を取り出して、それを機械で利用できる言語に置き換え、人間が伝えようとしている右へ曲がれという意味を正確にネズミに伝えることができているという事実である。

試しに、右の手を高く上げて、じゃんけんのグーパーのように、その手を結んだり開いたりしてみてほしい。その動作をすることについて脳から、この本が文字による説明を試みているように、目に見える記号や耳に聞こえる音に表現できる言葉を利用して、その手が動くように命令した読者は一人もいないだろう。私たちは体内では言葉を利用していない。

この研究で注目すべきは、脳や体内のコミュニケー

ションをつかさどる神経系で利用される信号を取り出すことができるということである。そして、取り出した信号はコンピュータを用いて再現することができ、その通信網を通じて、直接、脳やその神経系に伝達することが技術的に可能だということである。

私たちの情報社会が有する情報技術は、すでにコンピュータから脳を中心とする神経系に直接理解可能な信号を送り、気づきを与えることができるのである。

1.3.2 ICチップと脳—I, Cyborg

ネズミの脳を中心とした神経系がコンピュータと直接コミュニケーションすることが可能であれば、当然のことながら人間の神経系とコンピュータを結ぶことも可能である。英国レディング大学のケビン・ウォリック（Kevin Warwick）教授は、その可能性を追求する代表的な人物である。彼はレディング大学のサイバネティクス研究所に所属する。

サイバネティクスとは、マサチューセッツ工科大学の教授だったノーバート・ウィナー（Norbert Weiner）が1948年に命名した理論である。その名はサイバーやサイボーグの語源となった。動物は運動をしても体内の情報を読み取り、過度の負担がかかると、それを脳にフィードバックしながら全体のバランスを確保して運動を継続する。しかし、単純な機械は、どんなに熱を発しようとも、当初に与えられた動きを続けて壊れてしまう。現在では当たり前になっているが、コンピュータによる機械の自動制御は、サイバネティクスによる情報のフィードバック理論が基礎となっている。機械が24時間順調に機能するのはサイバネティクス理論のおかげである。なお、1947年

に発刊されたウィナーの著書「サイバネティクス」には「動物と機械における制御と通信」という副題が付されている。

　ケビン・ウォリック教授は、このサイバネティクス理論で見出された動物と機械の制御と通信の類似性を自らの肉体において直接結びつけることを試みている。そして彼は、10年以内に人々がICチップを体内に埋め込んで、さらにはメモリを体内に有することが、コミュニケーションの革命を起こすかもしれないと述べている。

　彼の意味するところは、JR東日本の乗車券Suicaや住民基本台帳カードで使用されているような非接触型のICチップを体内に埋め込み、これを微小電極によって人間の神経系と接続する。そしてコンピュータに接続されたICチップの読み取り・書き込み装置（リーダー・ライター）にかざして通信するならば、人間があたかも手足を動かすように機械を操作したり、外部にある情報や知識を体内のメモリに蓄積したり、あるいは、様々なコンピュータやそれに接続された多数のセンサーから自分に近づく危険や困難などに気づくことができたりするというのである。神経系を通じた機械とのコミュニケーションは、新たなる人間の行動パターンを創造するという。

　自らの肉体においてと先述したが、彼は単なる理論家ではなく実践者でもある。彼が最初に非接触型ICチップを腕に埋め込んだのは1998年のことである。この時にはわずか9日間の実験にとどまった。その後2002年に、オックスフォード大学医学部神経外科の協力により、彼は再び、微小電極を神経系に接続したICチップを体内に埋め込む手術を受けたのである[2]

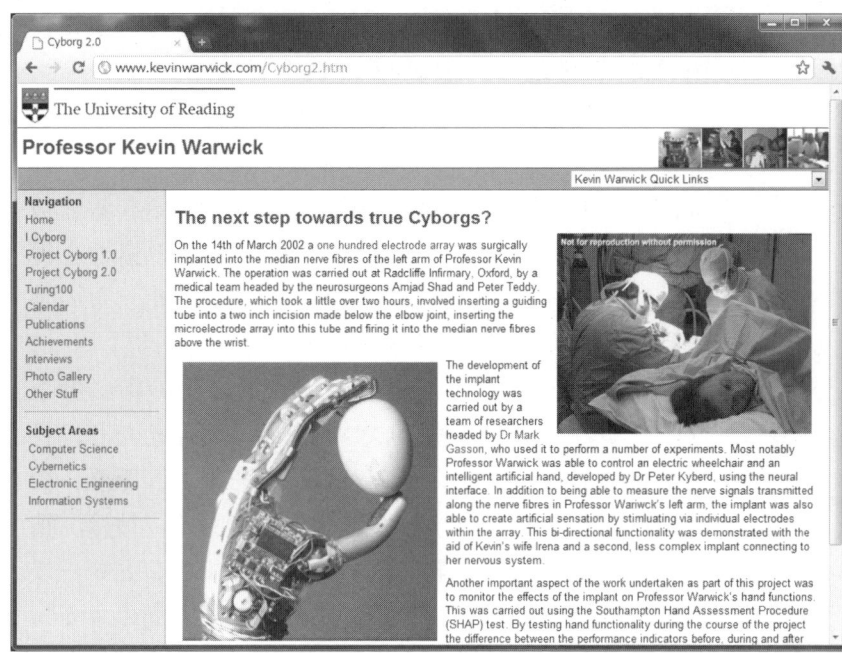

図1-3　英国レディング大学　ケビン・ウォリック（Kevin Warwick）教授のウェブサイト
　　　出所：http://www.kevinwarwick.org/

（図1-3）。

　ICチップを埋め込んだ彼は、多様な実験を繰り返す。例えば、一方にコンピュータと接続された関節を持つロボットの手を、他方にそのコンピュータを介して彼の神経系を接続する。すると彼が手を動かせば、同じ動きをロボットの手がするのである。

　また別の実験では、コンピュータの中に仮想空間を作り、そこに彼の家のリビングを作る。その中には仮想のウォリック教授、つまりアバターがいて、彼はアバターを神経系から自由にコントロールして見せるのである。

　　[2]　Kevin Warwick "I, Cyborg" University of Illinois Press, 2004

その他、レゴのブロックでできたおもちゃの車を自由に走らせたり、電動車いすをコントロール・スティックなしに、念じるだけで動かしたりもする。
　コンピュータは、インターネットに接続されていれば、海を越えて双方向で通信することができる。彼は、米国ニューヨークのコロンビア大学の協力を得て、ニューヨークからレディング大学のロボットの手を動かす試みをも成功させる。
　さらに驚くべきは、そのロボットの手の指にセンサーをつけてそれを感じつつ卵を持って見せたり、目隠しをして様々なセンサーから情報を得て、距離、数字、色などをあてたりして見せるのである。彼は、彼自身の肉体で人間が電気化学的な信号でコントロールされ、神経系によるコンピュータとの双方向のコミュニケーションが可能であること示すのである。
　そしてなんと、その後、彼の妻も、ICチップをインプラントして人間同士の神経系によるコミュニケーションにも挑んでいる。彼の妻が手を握る動作をすると、彼は、「ツゥッ、ツゥッ、ツゥッ」とその電気化学的な信号を感じることができるのだという。
　この研究から明らかなことは、我々は身体の筋肉を動かすために脳から電気化学的な信号を送信し、言葉を利用せずにそれらをコントロールしている。そして脳から発せられる信号は、筋肉だけでなく、機械もコントロールすることができる。また、機械や、機械に付属したセンサーが感じ取った情報も、人間の脳にフィードバックすることで、その内容を理解する可能性がある。

1.3.3 神経コミュニケーションが広げる世界

　ジョン・チェーピン教授とケビン・ウォリック教授の2人の研究は、いずれも脳を中心とする神経系とコンピュータの直接的なコミュニケーションの可能性を示すものである。

　仮にそれが可能だとしても、自分にとって好ましい結果をもたらすための気づきを得るためには課題も多い。例えば、社会に設置された無数のセンサーからの情報を人間が脳で直接とらえられるにしても、無数のセンサーから発せられる無数の情報をどのように整理して、その人に必要な気づきを与えるようにするのか。人間と機械とのコミュニケーション技術だけではなく、人間に気づきを与えるための情報処理技術の課題もある。

　私たちは無数の情報に囲まれて暮らしているが、社会から発生する情報は、文字や音声、画像や動画になっているものだけでも莫大である。それに加えて、私たちの社会は、文字や音などの記号に頼らない体内の神経系のコミュニケーションを外部にまで広げようとしている。

　人間がICTを必要とする理由は、好ましい結果、満足ゆく結果を得たい、そのために不確実性を低減させたいという個人の視点から出発していることは明らかである。しかし、それでも不確実性は私たちの前に立ちふさがり、Twitterの隆盛のように外部入力系による気づきを求めるのである。

　自分にとって必要な気づきをどのように得るのか。次世代のTwitterは短い言葉ではなく、私たちが体内で普段そうしているように、センス（感覚）に直接訴えるものとなるかもしれない。その時、コンピュー

タ・ネットワークからもたらされる神経系のコミュニケーションは、これまで空想の世界に存在していた第六感に近いものとして、現実の私たちの世界に存在することになるのだろう。

1.4 人はなぜつながるのか？

　ICTの第一の必要性は、不確実性の低減とそのために求められる外部参照系と外部入力系の2つの情報知識の伝達システムにあることを指摘した。ここではもう一つのICTの必要性について指摘しておきたい。それは、人はなぜつながるのかという疑問に対する答えでもある。

1.4.1 小さな世界はこうしてできる

　これから小さな実験を試みることにする。ここに面識のない10人を1つの部屋に集めてその行動を観察する[3]。被験者には、携帯電話も、ゲームも、単行本も、持ち込んではいけないと指示してある。実験の当日、部屋に集まった全く面識のない10人は、実験の担当者から、これから2時間この部屋で待っているように指示される。多くの被験者から、何もしないで待っているなんて退屈だと文句が出るが、部屋のドアには鍵がかけられて10人は部屋に閉じ込められる。
　しばらくすると10人の被験者は、退屈になって2～3人ずつのクラスター（集団）を4つほども作って、どこから来たのかとか、今日は良い天気だとか、どんな職業なのかとか、たわい無いコミュニケーションを

---

[3] アルバート＝ラズロ・バラバシ（2002）、「新ネットワーク思考—世界のしくみを読み解く」、NHK出版、pp.25-27

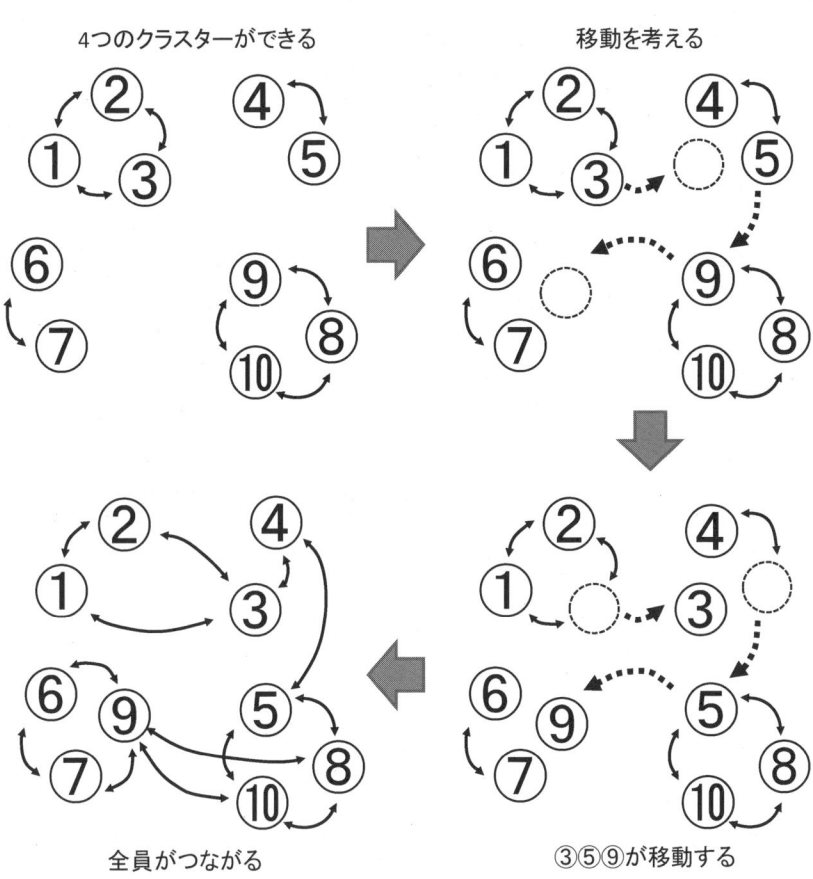

図1-4　小さな世界の作られ方

始める。図1-4の①〜⑩はそれぞれの被験者を示しているが、図1-4の左上の状態が初期の集団が形成された状態である。このようにお互いが物理的な距離の近さでつながりを形成する性質をクラスター性と呼ぶ。

そして20〜30分ほど経つと、10人の中の数人がクラスター内の被験者とのおしゃべりに飽きてくる。人間には、人と深く付き合いたいタイプと、たくさんの人と付き合いたいタイプの人がいる。ここでは③⑤⑨の3人がたくさんの人と付き合いたいタイプだとし

よう。そろそろ①と②との話に飽きてきて、④と⑤との話が聞こえてきた③は、④とのコミュニケーションを図りたいと考えている。また⑤は④との話に飽きてきて、⑧⑨⑩の話に関心を抱いている。また⑨も⑧⑩との話が少々つまらなくなってきたので、⑥⑦との話に関心を持ち始めている。そして③⑤⑨は図1-4の右上のようにそれぞれの移動を考えはじめる。

そして、③⑤⑨が移動した状態が図1-4の右下、そして、もともとのつながりを線で結びなおしたものが図1-4の左下である。この図の意味するところは、わずか数十分の間に、10人全員が関係を有した。つまり、全員がつながりを持ってしまったということである。

このように各クラスターの数人が別のクラスターに移動することによって、全員がつながる小さな世界を形成する性質をスモールワールド性という。

この問題を扱った初期の研究としては、ハーバード大学などで教鞭をとったスタンレー・ミルグラム (Stanley Milgram) の「小さな世界の問題」と題された1967年の論文が有名である[4]。彼は見知らぬ人への封書を、その人を知っていそうな知人に渡し、その封書を受取った人もまた、その人を知っていそうな知人に渡すということを繰り返すと、何人目でその見知らぬ人に封書が届くかを明らかにするための実験を行った。そして彼の論文は、人々は6次の隔たりでつながっているという結論を示すのである。世界中の人々は、わずか6人の隔たりで全員がつながっているというのである。

---

[4] Stanley Milgram (1967). "The Small-World Problem" Psychology Today, I：61-67

この問題の真の答えが明らかにされたわけではないが、最近のネットワーク研究は、スモールワールドの問題について膨大な研究成果を残しており、少なくとも人々が形成する世界は、相当に狭い世界であることには間違いないようである[5]。

1.4.2 弱いつながりの意外な強さ

10人全員がつながるスモールワールドが形成されたのは、③⑤⑨の移動によるものである。人と深く付き合うタイプと、たくさんの人と付き合うタイプのうち③⑤⑨は後者のタイプである。

一般的に言えば、集団で何らかの目的を達成しようとするときには、人々の間のつながりを強化し、お互いを深く知ることや、裏切られることのない関係を築くことが求められる。野球やサッカーなどの集団スポーツや、自治会や消防団など活動空間の物理的な距離が近く、明確な目的を共有する関係は、そのような傾向がある。つながりの強固さを求める集団では、③⑤⑨のようにたくさんの人と付き合いたいタイプは少々厄介者である。

③⑤⑨のようなタイプの人は、確かに各クラスターとの関係は弱いつながりではあるのだが、③⑤⑨がクラスター間をつなぐことによって、全体のつながりとしてのスモールワールドを形成することができる。紐帯とはつながりのことで、弱い紐帯とは③⑤⑨のような弱いつながりを持つ人々が作る関係のことである。これが社会全体で意外な強さを発揮する[6]。

---

[5] スモールワールドに関する研究成果については、ダンカン・ワッツ（2006）「スモールワールド―ネットワークの構造とダイナミクス」、東京電機大学出版局などに詳しい。

ここで、図1-4の左下に示された10人のつながりに、新たに見知らぬ1人が加わることを考えてみたい。ここで簡単なクイズに挑戦していただきたい。実は先の被験者として選ばれた10人は、未来の国家を動かす重要人物だったと想定する。あなたは、その11人目として選ばれたことにしよう。入口であなたはそのことを聞かされ、既に部屋にいる①〜⑩のうちから2人だけと関係を持つことができると知らされ、図1-4左下の関係図を見せられる。この場合、あなたは誰（何番）と誰（何番）を選ぶだろうか。

　ネットワーク図では、結節点のことをノード、結節点と結節点を結ぶ線のことをリンクという。図1-4では①〜⑩は人であるから、人と人を結ぶ線をリンク、それぞれの被験者がノードということになる。例えば図1-4の左下の図では、①は2つのリンク、②も2つのリンク、③は3つのリンクを有するノードである。

　答えはお分かりになっただろうか。①〜⑩までのそれぞれのリンクの数を数えてみるとよい。最も多くのリンクを有しているのは⑨で4つのつながりを有している。次が③と⑤である。例えば、⑨とつながりを持てば瞬時に4人と2次の隔たりでつながることができる。

　①〜⑩が国家を動かす重要人物との想定であるから、なるべく全員と近い距離にある方がよい。そこで、まずは⑨とのつながりを持つことは得策のようである。次に、多くのリンクを有しているのは③と⑤である。どちらが優位だろうか。図1-5をご覧いただき

---

[6] 弱い紐帯についての研究には、Mark Granovetter (1973). "The Strength of Weak Ties." American Journal of Sociology, 78：1360-1380 などがある。

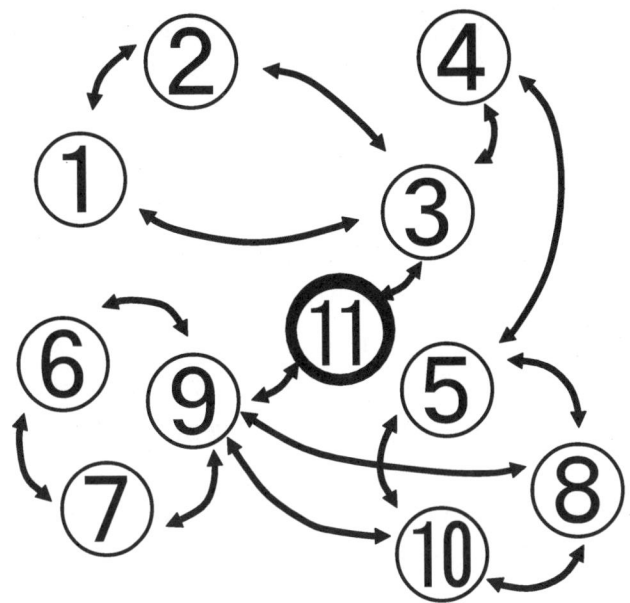

図1-5 優位性を発揮する③と⑨とのつながり

たい。

　⑨に加えて③を選択するならば、①②④とも2次の隔たりでつながることができ、③と⑨とは1次の隔たり、①②④⑥⑦⑧⑩とは2次の隔たりでつながることができる。唯一⑤だけが3次の隔たりとなる。

　次に⑨に加えて⑤を選択したとするならば、⑨との関係から⑥⑦⑧⑩は2次の隔たり、⑤との関係からは④⑧⑩が2次の隔たりとなる。⑧⑩は⑨とのつながりと重複しているから、⑨と⑤を選択した場合は、④⑥⑦⑧⑩の5人だけが2次の隔たりで、③は3次の隔たり、さらに①と②は4次の隔たりとなってしまう。

　したがって、この場合は③と⑨の2人を選ぶのが優位である。⑤の人物を除いてすべての人と2人目でつながることができたあなたは、より多くの重要人物と

近い関係を作ることができることになる。弱い紐帯は意外にもたくさんのクラスターとそこに所属する人々とのつながりを作るうえで重宝されるという強さを発揮するのである。

1.4.3　ネットワークの急成長と崩壊

　しかし、弱い紐帯の強さはそこにとどまらない。図1-5のネットワークに、さらに12人目が加わるとする。そして今度は、たった一人とだけ、つながることができるとすれば誰を選ぶだろうか。当然のことながら⑨である。次の13人目も、14人目も、その次も、その次も、全員との隔たりが少なくなるという優位性から⑨とのつながりを選択する。

　そしてネットワークに参加する誰もがつながりを求める⑨は、急速に多くのリンクを有するノード、つまり「ハブ（中心地）」になる。このようにネットワークの中で急速にノードが成長し、ハブ化する性質をスケールフリー性と呼んでいる[7]。

　次に、当初からネットワークに参加し、全員と最も遠い位置にある⑤は、その不利な関係に気づき、最も多くのリンクを有する⑨と直接つながることを求める。それにより⑧⑩の⑤に対する優位性は低下し、クラスターを形成していた⑤⑧⑩は、その関係を持続する意義が薄れる。同様に④も③との関係よりは⑨との関係を求め、①も②も③との関係よりは⑨との関係を選ぶ。そして各クラスター内部の関係は弱まってしまう。

　⑨は多くのノードを有するハブとして弱い紐帯の役

[7] アルバート＝ラズロ・バラバシ（2002）、『新ネットワーク思考―世界のしくみを読み解く』、NHK出版

割を果たしてきた。しかし、多くの人々がそう感じるように、地域社会の課題の解決や人的資源の育成、あるいは地域の物的質的資源の創造は、お互いの信頼性を高めるために人と強くつながる強固なクラスターの中で行われる。クラスターという基礎的な社会関係資本が失われたことによって、ネットワーク全体の創造や育成の機能は低下し、結局ハブ⑨の魅力は失われて、その成長は限界に達するのである（図1-6）。

　いくつかのクラスターの機能が低下し始めた初期の段階では、ネットワーク全体に大きな問題は起こらない。最初に起きた⑤⑧⑩のクラスター性の喪失は、⑨の成長にはほとんど影響しない。このような性質のことをネットワークの頑健性と呼ぶ。

　一方で、スケールフリー性を発揮して極度に成長し

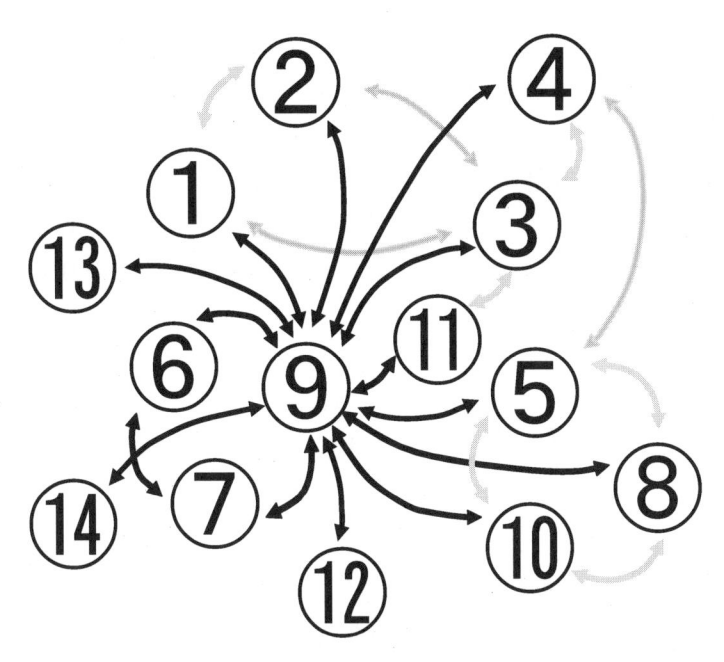

図1-6　クラスター性の喪失と成長の限界

たノードが価値を失うと、ネットワーク全体に影響を及ぼす。クラスター間をつなぐ弱い紐帯としての価値を有していた⑨は、各クラスターの価値が失われたことにより自らの価値を失う。そして全体の関係に意味を無くしたネットワークは崩壊する。このような性質をネットワークの脆弱性という。

1.4.4　似ている大都市と地方の関係

東京、大阪などの大都市の成長を考えてみよう。今、日本は長い経済的な停滞を経験している。1950年代後半頃から、地方から都市への人口の急激な流入が約50年にわたって続いてきた。

この間、地方の中山間地域や離島地域は過疎化し、さらに地方の都市も衰退し、大都市の成長だけが続いていた。その間、都市に移動した人々は中山間地域や離島地域の過疎化は、日本の社会全体にとって大した影響は及ぼさず、中山間地域の村が限界集落化することを他人事のように感じてきた。ネットワークには頑健性があるから、クラスターの一部が崩壊したとしても、全体に大きな影響は与えないからだ。

しかし、やがては地方の中小都市の成長が止まり、成長するのは東京や大阪の大都市だけになってくると様子が変わってきた。その変化が見られはじめたのはおよそ20年前ころからだろうか。繰り返し経済成長のための公共投資を重ねたが、日本の経済成長力が回復することはなかった。

その理由はおそらく、資源創造の源である地方のクラスターのほとんどが崩壊してしまったことにより、大都市の成長は限界を迎え、結局は、日本という国家のネットワーク全体が崩壊の危機を迎えていると考え

ることが妥当だろう。

1.4.5 つながりとその持続性

　人はなぜつながるのか。この疑問に対する答えは2つのタイプの人間が示してくれる。一つは、人と深く付き合うタイプ、もう一つは、たくさんの人と付き合うタイプである。それぞれのタイプはともに自分にとって好ましいと判断して行動する。

　人と深く付き合うタイプは、クラスターの形成に役立つ、強いつながりを作り、資源の創造に尽力する。たくさんの人と付き合うタイプは、クラスター間のつながりの形成と全体のまとまりとしてスモールワールドの形成に役立つ。

　それぞれのクラスターの持続可能性が高く、また古いクラスターと新しいクラスターの新陳代謝が、弱い紐帯によって安定的に行われているならば、ネットワーク全体は健全である。

　しかし、特定の人やクラスターが、スケールフリー性を発揮して急激に成長をはじめると、各クラスターで資源の創造にあたっていた人々も、成長するハブの魅力にひかれて、これまで所属していたクラスターとの関係を断ち、ハブとの関係を求めてしまう。そして多くのクラスターが崩壊するとハブの成長も止まり、ネットワーク全体が崩壊する。

　もう一つのICTの必要性は、ネットワーク全体の持続可能性の確保にある。ネットワークの中にいる個人は、それぞれにクラスターの課題の達成や成長するハブの魅力に夢中になっており、課題の達成や成長が好ましさや満足の基準となってしまう。しかし、ネットワーク全体が崩壊するまで成長を続けてしまえば、

すべての社会関係資本を失うことになり元も子もない。個人の視点で活動する人々に、個人との関係から社会全体の状態を伝えることこそがICTの役割である。ただ、その方法は未知のものである。

その方法を示すためにも、社会全体としての国、都道府県、市町村といった総合的な自治に携わる人々が積極的に、その情報を人々に伝える努力を重ね、その安定化のための方策を探らなければならない。

1.5 まとめ―自治のためのICTの役割

1）ICTの第1の役割は、人間が、外部参照系を利用して情報・知識を得ることにより、標本空間（選択肢）を拡大して不確実性を低減することにある。
2）外部参照系による情報・知識の獲得は、個人の経験に基づくもので気づいていないことには気づかない。従って不確実性の低減は明らかに不十分であり、個人に気づきを与えるための外部入力系のICTが重要である。
3）外部入力系の最先端研究は、機械と神経系、あるいは人間の神経系同士のコミュニケーションに向かっている。無数の情報をどのように整理して、個人に対して必要な気づきを与えるかが今後の課題となる。
4）個人は集団の目標達成のためにクラスターを形成する。そして弱い紐帯として機能する人々が、社会全員が何らかの関係を有する小さな世界（スモールワールド）を形成する。その中の一部の弱い紐帯が、ハブとして急激に成長する。この成長はいずれ限界に達し、ネットワーク全体が崩壊する。ICT

の第2の役割は、ネットワーク全体を崩壊させずに持続可能な状態を保つために、多様な個人に気づきを与えることにある。

5）国、都道府県、市町村で総合的な自治に携わる人々は第2のICTの役割を果たすために機能する必要がある。

第2章 縮減社会のはじまりに必要な情報政策

2.1 日本の超長期人口の推移

　図2-1は国立人口問題研究所が2006年に推計した日本の超長期人口の推移である。2005年以降が推計値であるが、高位推計でも低位推計でも約100年間でゆるやかに人口が減少するかのように見える。

　しかし、縦軸の数字をみると2005年から2105年までの100年間で人口は、高位推計で2005年の約半分

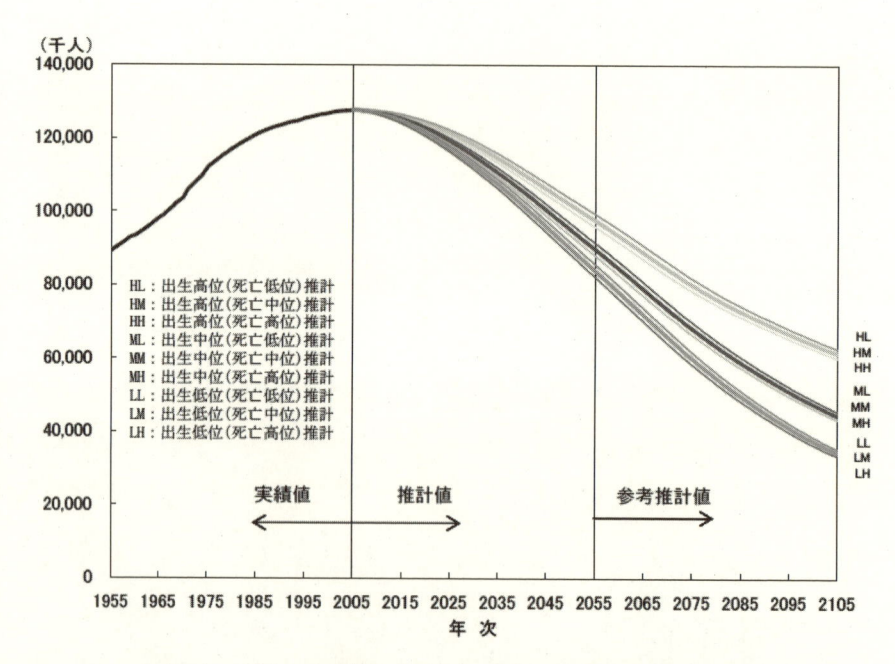

図2-1　総人口の推移（出生3仮定、死亡3仮定の比較）

出所：国立社会保障・人口問題研究所（2006）「日本の将来推計人口（平成18年12月推計）―平成18（2006）年～平成67（2055）年―附：参考推計　平成68（2056）年～平成117（2015）年」p.46

に、下位推計では約3分の1に減少する。これは一体、何を意味しているのだろうか。私たちの余命は、たった今、生まれたばかりの赤ちゃんでも100年に満たないのであるから、この急激な人口減少をゆるやかなカーブによってもたらされるととらえがちである。もしくは私には関係のない出来事だと考えてしまう。

次に図2-2はフリー百科事典ウィキペディア（Wikipedia）の「近代以前の日本の人口統計」の記事（項目）にある「複数の研究者による1721年以前の日本の推定人口」の2010年5月24日現在掲載されている情報から、日本の超長期人口の推移をグラフ化したものである。

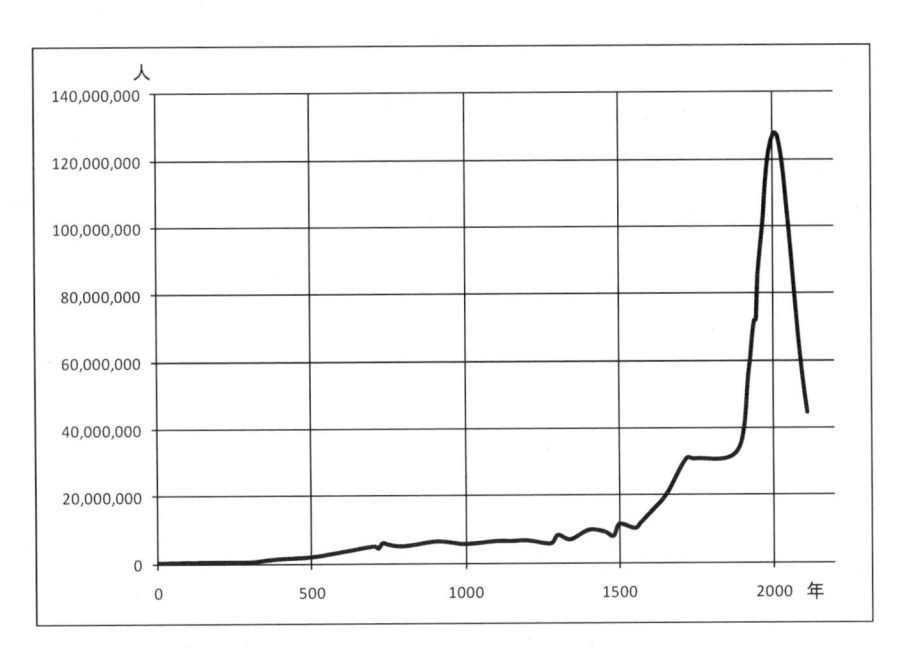

図 2-2　日本の超長期人口の推移
注：2014年以降の人口は国立社会保障・人口問題研究所による推計値（出生中位）
出所：フリー百科事典ウィキペディア「近代以前の日本の人口統計」の複数の研究者による1721年以前の日本の推定人口より筆者作成

日本の超長期人口の推移のグラフ化にあたっては、ウィキペディアに掲載されている調査研究機関や研究者による1750年までの推計値5統計を対象として、各年の推計値が1つの場合にはその推計値を、また、複数の値が示されている場合には、それらの推計値の合計を、推計値の統計数で除した値を各年の推計値とした。また、1750年以降の人口については、1885年は鬼頭（2000）により[8]、1920年から2007年までは国勢調査、2014年以降は国立社会保障・人口問題研究所「日本の将来推計人口（平成18年12月推計）」のうち出生中位（死亡中位）の推計値を利用した[9]。

　日本の超長期人口の推移について、歴史人口学には諸説があるが、西暦0年の日本の人口は30万人ほどだった。それが約300万人になるのに500年もの時間を必要としている。人口が1000万人になるまでには1500年もの時間を必要とする。

　1500年頃までは、農業技術の普及によると思われる人口増加が見られるものの、日本の人口は、極めて安定した微増傾向を示している。人口は1年間で7千人弱の増加にとどまっている。

　ところが工業技術の登場により日本の状況は一変する。1600年頃から人口の急増が始まり、途中、その理由には諸説があるようだが、鎖国、飢饉、晩婚化などによると思われる人口安定期が1600年代後半から1800年代中ごろまで見られる。しかし、その後、日本の人口は異常なほどに急増し始める。1900年頃の日本の人口は、おそらく4000万人前後だったのでは

---

[8] 鬼頭宏（2000）「人口から読む日本の歴史」講談社
[9] 国立社会保障・人口問題研究所（2006）「日本の将来推計人口（平成18年12月推計）」

ないかと推定される。翌1901年は日本初の近代鉄工所である八幡製鉄所が操業を開始した年で近代工業の幕明けと言われる年である。

それからわずか100年後の2000年には、人口が約1億2600万人になっているのであるから、工業技術はわずか100年で日本の人口を約3倍に増加させたことになる。1500年もの間、年7,000人弱の人口増加であったものが1900年から2000年までの間だけは、年86万人という異常な人口増加が起こったのである。私たちはこの現象を発展や成長と呼んでいる。

しかし、2006年に頂点を迎えたわが国の人口は、その後、急激に減少することになる。2100年の人口は4500万人前後になる推計値を踏まえると、100年というわずかな時間で急増した日本の人口は、同じ100年というわずかな時間の中で200年前の明治時代後期の状態までに、急激に減少することが予想される。

2.1.1 急激な人口増減とネットワーク論

最近の数百年の人口の急増は、前章で見たネットワーク論に基づくスケールフリー性の発揮による成長の結果と見ることはできないだろうか。そして、予想される急激な人口の減少は、ネットワークの脆弱性が発揮されたための衰退と考えることはできないだろうか。

ネットワーク論を踏まえた成長と衰退については、他の生物の行動、化学反応、物理現象、さらには社会主義や資本主義などの政治的経済的思想の発展と衰退などと対比させて、その過程の類似性、共通性を指摘する論調がある。例えば、なぜコオロギが鳴き声を全

体でそろえたかのように共鳴できるのかをスモールワールド性で説明するものや[5]、なぜ、富める者はますます富むのかについてスケールフリー性で説明するもの[7]、などである。計算の結果として、その現象が説明できるかどうかは、ネットワーク論に基づく解析の専門家にお任せするとして、以下にその類似性に基づき仮説的に人口の微増から急激な増加と減少に至るまでを記述してみたい。

　農業技術を基礎とした社会は、物理的な距離が近しいことによって形成されたクラスター性に基づく社会である。物理的に近しい個人が、家族関係や問題解決のための協力関係などを形作り、集落的な社会関係を築く。

　そして、これらのクラスター間を弱い紐帯として機能する人々が行き交うことで、地域の成員すべてが知り合いであるようなスモールワールド性の強いコミュニティや地域組織を形成し、自治のための公共性を担う村、町、市、国などの社会システムを築いてきた。

　農業を基礎とする社会では、空間的な移動の制約も強く、クラスター性やスモールワールド性が発揮され、強いスケールフリー性はほとんど発揮されなかった。人口は変動せず、安定した状態が保たれる。

　しかし、工業技術が発達すると状況は一変する。蒸気機関やエンジンなどの動力機関の発明が大量生産を可能にするとともに、多様な工業技術が開発され、多くの人々の遠距離の移動や通信を可能とした。これにより人々は活動範囲を急速に拡大する。それと同時に社会関係を結ぶ範囲も急速に拡大し、一部のノードやクラスターに優位性が生まれてスケールフリー性が発揮され都市化が始まる。

都市化によって地方のクラスターに所属する人々は、活動範囲の拡大により、弱い紐帯を介して都市のクラスターやそのノードの優位性に関わる情報に気づき、地方のクラスターを捨てて、人々はさらに都市へと集まることになる。この間、地方のクラスター性は弱まり、都市のスケールフリー性はさらに強まりハブとして成長し、人口も急増する。

　地方のクラスターが崩壊しても、しばらくの間は、ネットワークの頑健性が機能して都市の成長は続く。しかし、極度に成長したハブはクラスターの衰退とともに、結局その価値を失う。地方部から都市部への人口移動は、人的、物的な価値を創造する地方のクラスターを持続不可能なもとし、さらに成長停止までのタイムラグはあるもののスケールフリー性を発揮してきた都市は、急速にスケールフリー性を弱め、ハブとしての成長は限界に達する。ハブの崩壊はネットワークの脆弱性の発揮を意味し、社会全体が衰退に向かう。

2.1.2　都市よりも先だった地方の成長

　ここで少々不思議に思われた方がいるかもしれない。それは従来からの言説が、大都市や国全体の活性化がひいては地方の活性化につながると説明されてきたからだ。

　だから大都市のスケールフリー性が発揮され、それが成長するならば、地方も国全体も経済的にも社会的にも潤うと考えてきた方々も多いのではないかと思う。だが、おそらくは日本の成長が、あるいは大都市の成長が、地方の成長を支えていると考えるのは、ネットワークの成長と衰退の仕組みから見る限り誤りである。

日本の地方自治体のうち、中山間地域に位置する自治体の人口の推移を見てみよう。図2-3は、宮崎県高原（たかはる）町の超長期人口の推移である。高原町は、宮崎県の南西部、鹿児島県と県境を接する位置にある人口1万人ほどの自治体である。宮崎市の中心部からは、車で1時間ほどの距離にある。霧島連山の高千穂峰を擁する日本で最も美しい村連合に加盟する風光明媚な自治体である。2011年1月に霧島山新燃岳の噴火があったが、人々は強くたくましく、いずれ山々は美しい姿を取り戻すだろう。

　図2-3の1925年以降の値は、国勢調査による実数値である。高原町の1925年の人口は9,347人であり、1955年の16,567人をピークに人口が激減する。この

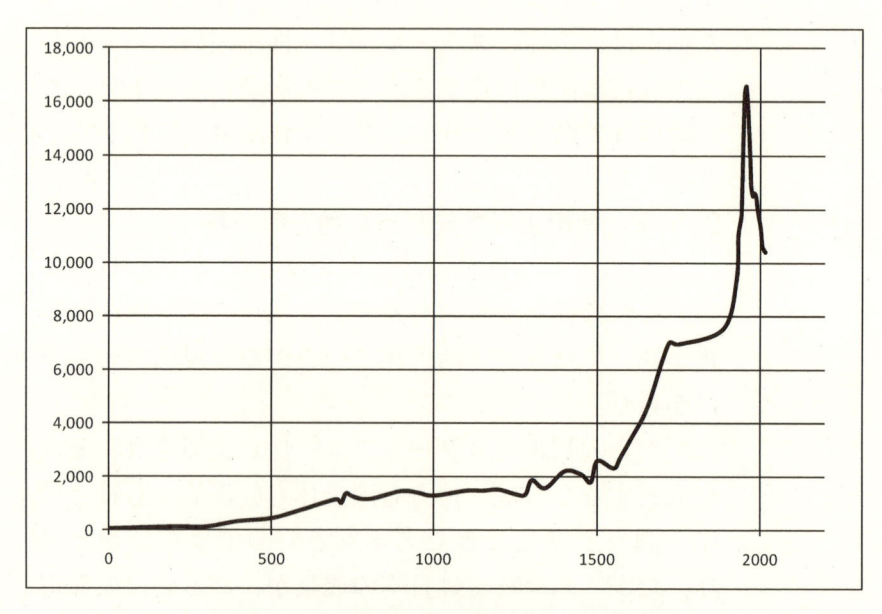

図2-3　宮崎県高原町の超長期人口の推移

出所：1925年以降の人口は国勢調査による実数値。1925年以前の人口は、図2-2で算出した日本の超長期人口を日本の総面積377,914km^{2}で除して得た人口密度と高原町の面積85.38km^{2}の積により算出した。

線形を日本の超長期人口と比較すると、高原町の人口のピークは、日本全体より約50年早く訪れている。

縫製加工や機械製造業が進出している高原町のように、工業技術の影響と思われる成長は、地方では約50年も早く起こっている。例えば、炭鉱で成長した北海道夕張市なども1960年をピークに人口が減少している。その他の自治体においても類似の構造が見られるのである。

工業技術の影響とみられる成長を巨視的に見るならば、国家の成長の順序は、まず地方レベルで人口の急増が見られ、次いで地方の中心都市で人口が急増する。そして大都市部の人口が急増し、国全体の人口の急増が停止する。

一方、人口の急減は、地方では約50年前から見られ、さらに地方の中心都市の人口減少が明らかになる。そして大都市も人口減少へと転じて、日本全体の急激な人口減少がはじまる。

経済の成長は人口と労働者一人あたりの生産性と関係する。人口要因から見る限り、中山間地域や地方都市で起こっている経済の衰退と同じように、大都市、さらには日本全体の経済の衰退も、当然のことながら、人口の急激な減少が始まれば目に見えて顕在化する。それらは既に始まっていると言えるかもしれない。

また労働者一人当たりの生産性についても、既にGDPでは日本を上回った中国は、今後も生産設備への投資が盛んに進むであろうから、急速に資本ストックを増やし、労働者の生産性も急速に向上するはずである。経済成長のスケールフリー性は、日本から既に中国や他の成長中の国家の大都市に移動しているので

あり、日本のドラスティックな再成長は期待できない。

こうした現象は、クラスター性、スモールワールド性、スケールフリー性の3つのネットワークの性質が、地方、都市、大都市へと、技術開発による人々の移動範囲の拡大とともに繰り返されている考えるべきだろう。

小さな範囲から始まる成長と衰退の波は、数十年ごとに、大きな範囲へと移動しながら繰り返し、やがては全体の成長が停止して、社会全体、あるいは地球全体が縮減に向かう。一連の人口の増加と減少が、ネットワーク論に基づく成長と衰退の説明と一致するならば、そのような結末を迎えるはずである。

2.2 「超」少子高齢社会の到来

日本の人口の急激な減少について説明したが、今のところ、国民の多くは、人口の減少よりも人口構成の変化を心配している。それは、人口の減少がこれからの約100年で起こる、いわば未知の問題であり、また、その時間は人間の寿命に対しては、あまりに長い時間の中で起こるからである。それに対して、人口構成の問題は、既に少子高齢社会の問題として顕在化している。

ここで日本の少子高齢化問題を図2-4において概観しておく。1950年の日本の人口構成で特筆すべきは、男女ともに約120万人、合計で約240万人もの新生児が誕生していたことである。そして、65歳以上の高齢者の割合は4.94%に過ぎないのである。

いわゆる多産多死型の人口ピラミッドといわれる人

1950年　　　　　　　2000年　　　　　　　2050年

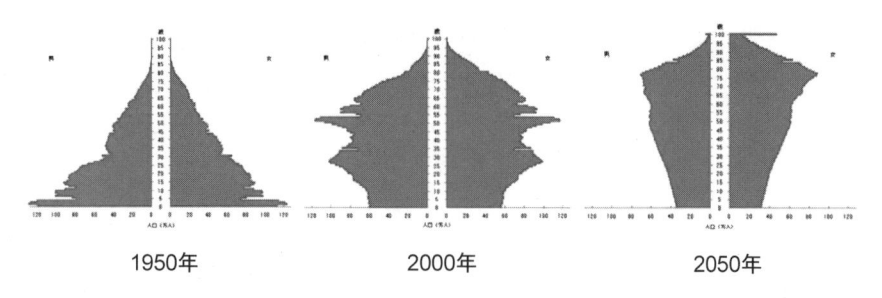

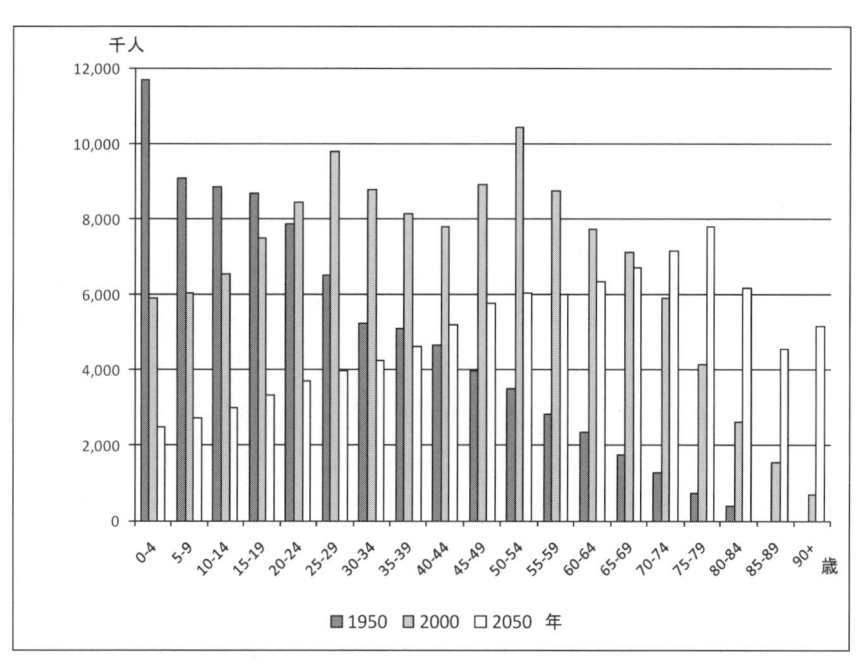

図 2-4　人口構成の変化
出所：上図は国立社会保障・人口問題研究所ウェブサイトより、下図は同研究所の
　　　データより筆者作成

　　口構成であり、開発途上にある国々に見られる人口構
　成である。日本は、1950年代に戦後復興期を終え、
　1960年代に入ると高度成長を遂げる。1955年ころか
　ら急ピッチで行われる社会システムの基盤形成は、途
　上国型の人口構成において実行されてきたのである。

それゆえ、21世紀に入り社会保障制度や年功序列型の雇用体制の維持の困難などが顕在化するのは当然の結果であり、生活の根幹をなす各種社会制度の大改革が求められるのは必然である。

　2000年になると人口構成は、いわゆる釣鐘型の先進国に見られる構成になる。0歳児は、男女ともに約60万人となり、全体で120万人程度と1950年の約半数しか子供が生まれなくなる。それに対して、65歳以上の高齢者の割合は17.37％へと大幅に拡大する。

　2015年頃には高齢者の割合は全人口の25％を越え、4人に1人が高齢者となる。本来ならば、こうした事態は数十年前には十分に推計できていたはずである。次世代を見据えた社会システムの大改革は、2011年の時点で完了していてしかるべきであった。だが、人々は「今」だけを見つめ、多くの人々は近い未来の出来事にすら気づかなかったのである。

　1990年代に起こったバブル経済崩壊を契機として、日本政府の政策は、現在に至るまで経済の再生を試みる対策を最優先の課題として、経済の回復による社会保障を含む国民生活の安定を図ろうとしている。経済成長政策は、スケールフリー性を発揮している時には、それを促進することは可能であるのかもしれない。だが成長が停止した後に経済投資を続けても、人口は急激に減少するのであり、政策的に経済成長を再び引き起こすことはできないだろう。それは地方経済の再生が困難であったことと同じである。

　さらに2050年になると、日本は世界で最も高齢化の進んだ国家となる。この時点で新生児は、男女ともに約25万人しか生まれず、全体でも50万人を割り込むことになる。

その結果、1950年からの100年間で、0歳児はおよそ5分の1にまで減少する。それだけではない65歳以上の高齢者の割合はなんと39.56％になるのである。15歳未満の子供は11人に1人となり、成人の半数近くが高齢者となる。

　先に地方の一例として取り上げた宮崎県高原町は、中山間地域の中では交通の利便性も良く、65歳以上の高齢者割合は2000年においてもまだ27.71％である。人口急増のピークは地方から遅れること約50年で訪れる。同様に高齢化も、日本全体としては地方に約50年遅れて進んでゆく。今、私たちが目にしている限界集落を抱える町村の高齢者の割合が約40％である。

　地方自治体の高齢問題は、50年後には日本全体の問題となり、日本は、現在限界集落を抱えている町村と同様の人口構成になるのである。少子高齢化した人口構造そのものを政策で何とかしようと考えるのは無駄だろう。必要なのは少子高齢社会に対応できる社会システムの大改革と早急な対応である。

2.3　大改革へ舵が切れない理由

2.3.1　税収の2倍の歳出予算が意味するもの

　2009年度に日本政府の税収は約37兆円しかなかった。それなのに92兆円余の予算案を組んでしまっている。残りの財源は、国債という名の借金である。まともな人間ならば、年収が370万円しかないのに920万円の支出はしない。しかし、この国の政府は、バブル経済の崩壊以降20年にわたって、このような支出超過を繰り返している。

その理由は、景気の刺激や社会保障の充実だというが、結局、その間、景気は回復しなかったし、経済も安定していない。さらに税収がないのだから当然だが、社会保障政策の継続性も疑わしい。国民は2006年に財政破綻が明らかになり、財政再建団体となった北海道夕張市をかわいそうだと眺めていたが、わが国政府の税収に対する債務残高、つまり借金の総額は15倍を楽に超えている。最も深刻な自治体でも、その額はせいぜい10倍程度である。苦しい苦しいと日々工夫を重ねている自治体であってもせいぜい3～4倍くらいである。日本という国家の財政状況は夕張市よりもはるかに悪いのであるが国民は気づかない。

　国の借金残高を表す公債残高も、先進国の多くが対GDP（国内総生産）比で60％程度なのに対して、既に日本は180％と世界最悪の借金国家となっている（図2-5）。第2位のイタリアでさえも約120％である。国家への信用が低かったアルゼンチンやロシアなどはこの比率が50～70％の時に財政破綻を経験している。EU（欧州連合）のマーストリヒト条約（欧州連合条約）ではユーロによる通貨統合に加わる条件として、この比率を60％以内と定めている。わが国の180％は、国家財政として明らかに非常事態である。

　「現在の政策・支出を全て見直す」「税金のムダづかいを根絶する」という政治家やその政党の声に、毎年、財政改革を強く期待するのだが、その期待もむなしく赤字財政は続いている。黒字転換への財政改革をするならば、社会保障費の削減も、地方交付税の削減も、税制改革による増税も必要だろう。だが議論として聞こえてくるのは、政治改革を叫んでもせいぜい行われるのは劇場的な政治デモンストレーションであ

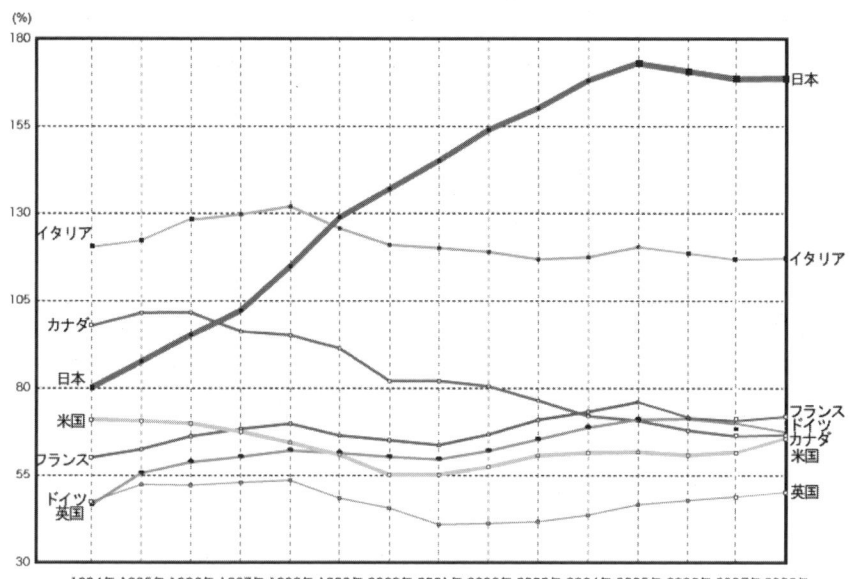

図2-5　公債残高の国際比較
出所：財務省（http://www.mof.go.jp/zaisei/con_03_g05.html）

り、その効果は1兆円にも満たない予算の削減が行われるだけである。

　小さな政府を目指すというのは明確な目標である。だとすれば、小さな福祉を目指すことになる。小さな福祉になれば、当然のことながら社会保障は薄くなり、十分な福祉政策を実行することはできない。小さな政府において大きな福祉は実行不可能である。それを実現しようとするから、37兆円の収入に対して92兆円の支出という予算になる。

　お金がなければ、たくさんのモノやサービスが購入できないことは誰にでもわかる。それなのに国民も、マスコミも、政治家も、小さな政府による大きな福祉を期待する。自分は好ましい状態になりたいと願う個人の視点が、国家財政に強く反映され過ぎている。

多数性を公共性の一つの指標とすることに異論はないが、おそらくは単純に得票数だけで評価されて代表権を獲得する現行の政治システムは、情報社会で多様化し、さらに情報発信も可能な個人の視点を重視しすぎる。全体の視点からの好ましさに対して、個人の視点の好ましさを抑制できなくなっていることに問題がある。

　現在でも、わが国は、その予算のうち毎年約10兆円を利息の支払にあてている。既に前世代のツケが現世代に回ってきているのである。借金を増やすことは、次の世代にツケを回すことにほかならない。それは未来への増税である。

　まだ生まれてもいない子供たち、何の権利もない10代までの子供たち、何も知らなかった20代、何も悪いことをしていない30代の人々は、気づけば莫大な借金を前世代から押し付けられ、成長の恩恵を受けることなく、その返済に、あるいは国家の破綻に苦しむのである。

　小さな政府の大きな福祉を続ければ、他人の借金で、何の関係もない未来の人々が苦しむことになる。しかし人々は、そのことに気づかないのである。

2.3.2　国家財政破たんへのシナリオ

　先述のとおり今後日本は高齢化がなお一層進行する。このままの状態であれば、社会保障費は毎年1兆円を超えて膨らみ続け、反対に生産年齢人口は減少し続けるのは明らかである。政治的決断がなければ、さらに国債依存度は高まるだろう。それなのになぜ国民は、高福祉を要求し、政治はそれに応えようとするのだろうか。

財務省は、先述したこの国の深刻な財政状況について、ウェブサイトなどで切迫感を持って国民に説明している。しかし、国民は誰もそんな説明には耳を傾けようとしない。日本がアルゼンチンのように破綻せずになんとか国債の信用を維持しているのは、家計が持つ預金や株式などの家計金融資産が1400兆円ほどあるからだと言われている。

　国や地方の借金である長期債務残高は、家計金融資産に対して1990年には4分の1程度だった。しかし1997年には3分の1になり、2002年には2分の1を超えている。その後、家計金融資産の減少は続き、長期債務残高が増え続けている。そして2011年度も税収なく90兆円規模の予算が組まれている。それなのに経済状況は一向に回復せず、2011年3月の大震災による莫大な負担も発生している。国家財政の破綻までのタイムリミットはもうすぐそこだろう。

　国債発行の意味するところは、国民資産の先食いである。人口急減期に入り経済成長の見込めない社会への景気対策と、小さな政府による大きな福祉のために、既に国民の資産のうち1000兆円が使われてしまっている。破綻すれば国民の資産1400兆円は紙切れ同然になる。預金通帳の自分の数百万円の資産でパンが数個しか買えなくなった時、初めて国民は、個人の視点からこの大きな社会問題に気づくのであろうか[10]。

　現在、日本政府の税収は極めて少なく、現在の税額を2倍にしたとしても、その予算を賄うことはできな

---

[10] 2000年代の前半にトルコを訪問して、空港で10,000円札を換金すると、1億トルコリラが返ってきた。インフレが貨幣価値を下げたのである。財政が破たんすれば日本でもこうした事態が起こる可能性がある。

い。もはや、大きな政府による大きな福祉は望めないのである。国民が選択できるのは、中くらいの政府による中くらいの福祉か、小さな政府による小さな福祉である。縮減は避けられない。前者は大幅な増税を伴うが、大きなサービスには至らない。後者は大幅な福祉サービスの縮減を伴い多くの国民は厳しい老後を覚悟する必要があるだろう。いずれにしても国民はそのどちらかを選ぶしかない。

　次に、崩壊の日のシナリオを想像してみる。財政破綻を想定したダーク・シナリオ（暗黒の筋書き）は、ある日、日本の国債の信用が市場で失墜するところからはじまる。それは災害の発生にも似て突然起こる。国が借金の証文を書いても、世界中の誰もが信用してくれない状態になる。日本円をほしがる人は世界に誰もいなくなるのである。金利は国債の取引市場で決まる。日本の国債は引き取り手がいないのでその金利を高くする。それとともにすべての金利が急上昇する。

　国債の買い手がいないのだから仕方がないので国債を日本銀行（日銀）が買う。日銀が国債を買うということは通貨を発行することと同じだ。日銀は国債を買うために、いくらでも通貨を発行することができる。通貨がたくさん発行されれば円の価値が急速に下がる。円の価値が下がれば、当然のことながら物の価格が上がりインフレが起こる。さらに円の価値が下がるから、日本は市場での信用を失い借金ができなくなる。借金ができなければサービスが停滞する。結局、年金も、医療費も、子ども手当の支給も滞る。道路づくりどころか道路の維持や供用までもがままならなくなる。株価は暴落して、資金調達ができない企業は多くが倒産する。そして失業者が爆発的に増加する。

そんな最悪のシナリオを回避するために、国民は、どの予算を何％削減して、税額を何％に上げるのか、その具体策を真剣に考えるべき時が来ている。サービスを厚くするなら税を多く支払い、それが厭なら少ないサービスで我慢するしかない。

2.3.3　困難と真実を伝える情報政策

政策方針の転換を図るアメリカのオバマ政権が、情報公開に力を入れるのは当然だ。民主主義が成熟した環境にあれば、たとえ人気絶頂期にあるオバマ大統領といえども、財源とともに政策効果の論理的な説明なくして政策方針の転換と決定はあり得ない。

コミュニケーション能力に定評のある米国オバマ大統領は、その公約どおりICTを駆使した情報政策を展開している。オバマ政権の情報公開の場であるData.gov（http://www.data.gov/）は極めて洗練されているが、これを活用することはそれほど容易ではない。政策に関わる一定の知識が要求される。無理にやさしい説明はしない。真実を理解することはやさしくはない。

Data.govは、ITにとどまらず、犯罪、科学、環境などの様々な分野の実情を理解するためのツールを提供する。さらに、ユーザが分析を深めたければ政府の所有する詳細データはもちろんのこと、地球規模の多様なデータが入手できるように配慮されている。2011年現在は、ミクロな地域データも利用できるようにするために、州や地方自治体のデータ整備が進められている。

Data.govを訪れた人は、それぞれのツールやデータについて、有用性や入手のしやすさなどを評価し

図2-6　Data.gov
出所：http://www.data.gov/

て、政府にコメントを送ることができる。情報システムを導入するにあたってフィードバックを強く意識しているのである。必要なデータがなければ要求することもできる。米国は高度な情報公開によって、国民をはじめとした世界の人々が国家の実情を知ることを求め、高度なコミュニケーションから生まれる多様な評価を多様な問題の解決という成果に結び付けようとしている。

　情報政策分野では、先ごろIT Dashboardというサイトが公開された。各省庁のIT投資の状況とその効果を、データを駆使してわかりやすく伝え、当然のことながら国民からのフィードバックを求めるツールで

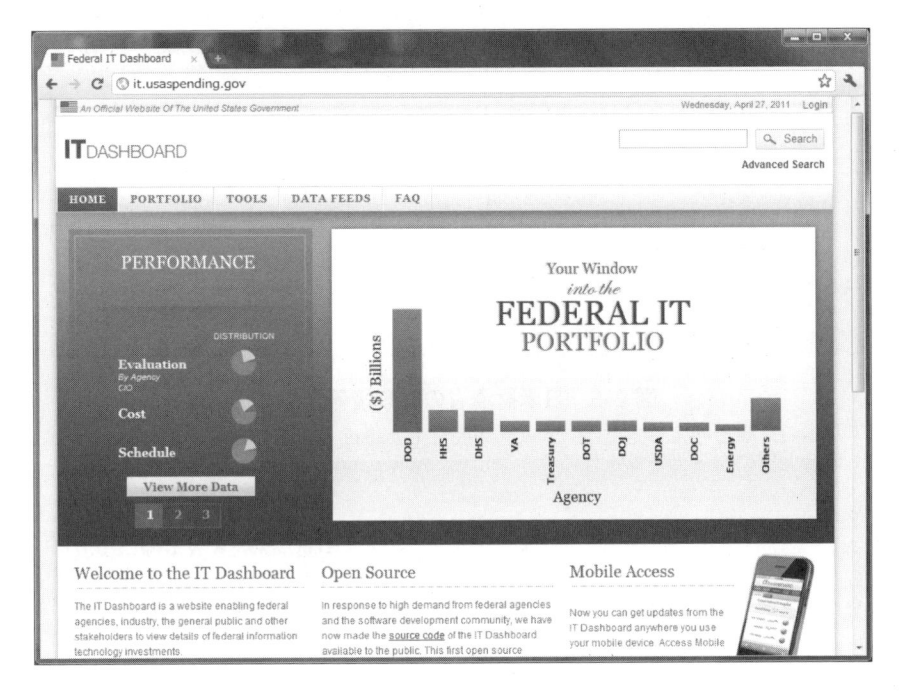

図 2-7　IT Dashboard
出所：http://it.usaspending.gov/

ある（図 2-7）。各省庁の CIO は、毎月 IT Dashboard のデータを更新する責務を負っている。このサイトには、わずか数カ月で数千万人のアクセスがあったという。

日本には残念ながら Data.gov やその下位に位置づけられる IT Dashboard のようなサイトはまだない。包括的に国家全体のデータが収集でき、それに対する国民からのフィードバックを可能とするサイトの構築が望まれる。

しかし現在でも、十分ではないにせよ政府統計の総合窓口である e-Stat を活用することや、前節で説明した財政問題について現状を知りたいならば、財務省

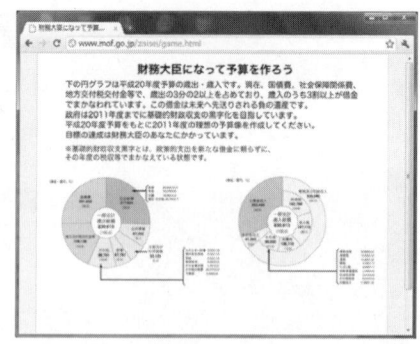

図 2-8　日米財務省の財政情報発信
左：日本の財政を考える（http://www.mof.go.jp/zaisei/index.htm）
右：財務大臣になって予算を作ろう！（http://www.mof.go.jp/zaisei/game.html）

の「日本の財政を考える」（http://www.mof.go.jp/zaisei/index.htm）を読むことはできる（図2-8左）。そして、なんのモノサシもなく国家財政について考えることはできない。「財務大臣になって予算を作ろう！」（http://www.mof.go.jp/zaisei/game.html）というサイトがある。あまりにも子供向けのような体裁で作られているので不安になるかもしれないが、このサイトは、健全財政の感覚を身に付けるのに十分に役立つ（図2-8右）。総理や内閣を構成する諸大臣にも使っていただきたいくらいである。

　国家財政は、国債などの借金を除いた歳入額と、その借金の元利分を除いた歳出額との差であるプライマリーバランス（PB）を赤字から黒字に転換すれば、国の借金は徐々に縮小して安定する。国家が健全財政に転じて、国債市場の信用を維持することができれば、人間のように国家は死なないので破綻を避けることができる。日本にはまだ蓄積された資産がある。返済を焦る必要はない。重要なのは信用を持続させることである。

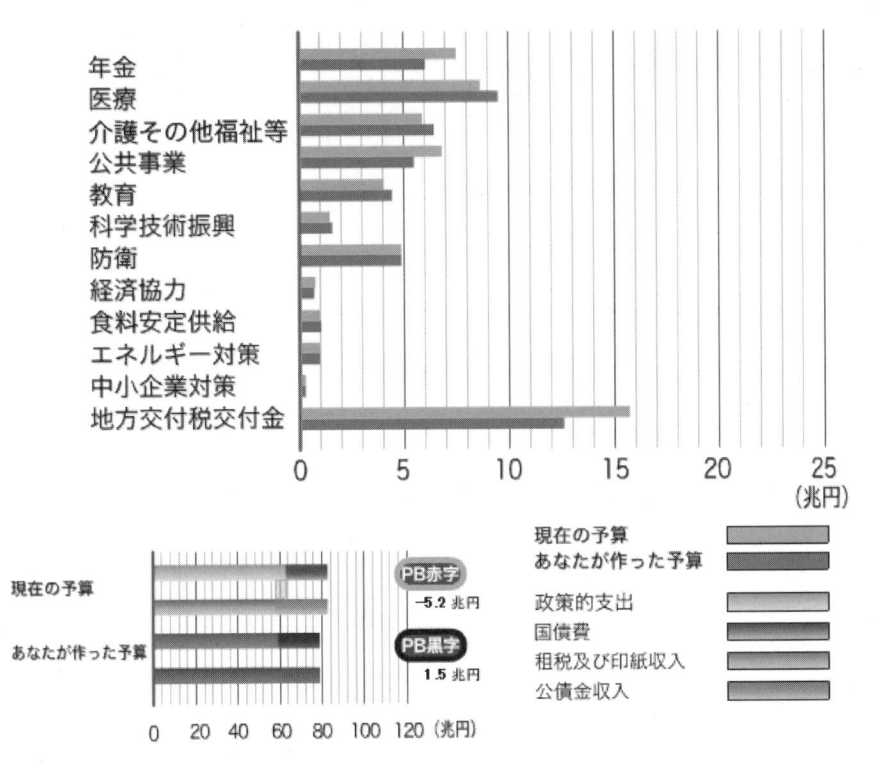

図 2-9 「財務大臣になって予算を作ろう！」で作った予算案
出所：http://www.mof.go.jp/zaisei/game.html

　「財務大臣になって予算を作ろう！」で日本政府の財政健全化のために筆者が作った予算の主な方針を説明する。年金、公共事業、地方交付税交付金を20％削減し、防衛は現状維持、医療、介護その他福祉、教育は5％増額する。税収は10％増、つまり増税する。これは「小さな政府による小さな福祉」型の予算となり、これをしばらく続ける。すると財政規模は約79兆円になる。これで毎年1.5兆円の黒字財政に転換できる（図2-9）。

　もちろん、この予算で年金を削減するとなれば、高齢者の雇用が必要である。公園や施設の維持管理、農

地や林地の保全、学校や保育園の用務、イベントの運営、介護の補助、地域の見回りなど、職員の雇用が難しくなった地方自治体には、住民だけが主体では大変だが、行政との協働であれば、対応可能な生産性の低い仕事がたくさんある。

　公務員の給与の減額とともに、安い賃金で申し訳ないが、年金を減額した分、高齢者には男女ともに75歳くらいまでは、地域社会で働いていただくことを考えなければならない。そのほかにも課題は山ほどある。増税の苦しみもある。それでも国家が破綻する苦しみよりはよい。

　少なくとも、そうしたことが理解できる一定の情報公開は、米国のそれには及ばないが、日本でもなされている。個人の視点が重視されるようになった今日の情報社会では、個人の視点で判断される好ましさに基づいて多様な人間の欲望がぶつかり合う。そのために、これまでのような折衝型の予算編成は、官僚がやっても、政治家がやっても同じように予算拡大を招いてしまう。そのことは2009年に自民党から民主党への政権交代があり、新政権は、官僚主導を否定し、無駄の削減をうたったにも関わらず、黒字予算への転換が図れなかったことからもわかる。

　全体の危機に個人は気づかないのである。多くの国民は、偶然に与えられた標本空間の中で最適を判断することに忙しく、時間的にも空間的にも狭い範囲で思考し、行動する。しかし、狭い範囲での判断は、時間的にも、空間的にも広い範囲で起こる問題に気づかず、あたかも大災害にあったかのごとく、突然、社会的大混乱に襲われる。

　情報社会は、好ましさを追求する個人の視点を重視

せざるを得ない。しかし、個人が自主的に自己を統治し、時間的、空間的に狭い範囲の情報に基づいて判断していたとしても、全体の最適を確保可能にすることこそが情報社会の自治の最大の課題である。

2.4　世界人口の急減と高齢化

　2007年の成人の日に報道された北海道夕張市の「成人祭」のニュースで成人代表の女子学生は「ありがとう」と涙を流していた。財政問題を抱える行政が成人式の予算を打ち切った。そこで地域の人々とともに、寄付を募って開いた手作りの門出だった。心からうれしくて言った美しい「ありがとう」である。

　夕張市は、1960年代に石炭産業でにぎわっていた頃には12万人に近い人口を抱えていた。だが、現在は、人口わずか1万3千人になっている。この人口は、1906年（明治39年）、つまり、今から100年前の人口1万8千人をも下回っている。50年で急速に成長した産業都市は、50年で急速に衰えて、元の姿に戻ったのである。夕張市も、先の高原町も同じように約50年前に成長のピークを迎え、その後急速に衰退している。日本全体にもこれから同じことが起こる。

　ありがとうと涙を流した女子学生は、インタビューで全国から寄付金が寄せられ、200万円もの資金が集まったことを打ち明けた。しかし、その年の成人式ではその200万円のすべては使わず、20万円だけを使った。私たちが成人祭を20万円で済ませれば、200万円のお金で10年間は成人祭が続けられると彼女は説明した。全体の状況を知るならば、個人は正しい判断をする。この女子学生の判断は、未来の自治のあり方

を示している。彼女たちが用意したメッセージボードには、新成人が「金はなくてもまちは元気になるんだ！」と書きこんだ。

　日本の地方の成長と衰退の現実、また日本の国家としての成長と将来の衰退に関わる推計について説明したが、最後に世界はどうのように変わろうとしているのかについて説明しておきたい。

　西暦2010年現在からさかのぼること約2500年前の世界人口は、およそ1億人だったと言われている[11]。人間は、現生人類（ホモ・サピエンス）と呼ばれ20万年〜15万年ほど前に進化した。そして、その人口を1億人に増加させるまでに10数万年の時間を費やしてきた。

　図2-10は、日本の超長期人口と同様に、フリー百科事典ウィキペディア（Wikipedia）の「世界人口」記事（項目）にある世界人口の推定予測値で2010年5月24日現在掲載されている情報から筆者がグラフ化したものである。世界人口のグラフ化にあたっては、ウィキペディアに掲載されている調査研究機関や研究者による10統計を対象として、各年の推計値が1つの場合にはその推計値を、また、複数の値が示されている場合には、それらの推計値の合計を、推計値の統計数で除して各年の推計値とした。

　図2-10にあるとおり、産業革命以降の異常な人口の急増は、日本やその地方自治体に見られるものと同様である。気になるのは、世界人口は2050年の推計値においても減少傾向がみられない点である。だが、世界人口の急増も明らかにスケールフリー性を示して

---

[11] Colin McEvedy, Richard Jones（1978）"Atlas of World Population History" Puffin

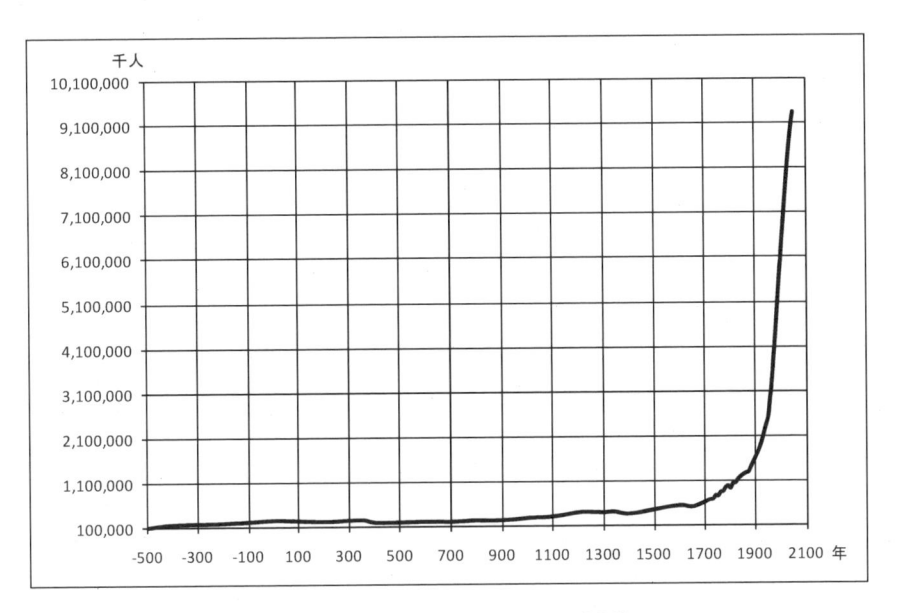

図 2-10　世界の超長期人口の推移

出所：フリー百科事典ウィキペディア（Wikipedia）「世界人口」の世界人口推定・予測値より筆者作成

いる。その後の人口の急減から逃れることはできないだろう。

　2006年の国際連合の経済社会局人口課の下位推計では、2040年を頂点とする減少傾向が予測されている[12]。また同課の中位推計によると、2045年から2050年の世界の合計特殊出生率、つまり端的に言ってしまえば、女性が生涯に産む子供の数は2.02となり、自然減の境界といわれる2.08を下回り、世界人口が減少傾向に向かうことを明らかにしている。そしてLutz（2001）らは、今世紀の終わりまでに、85％の確率で世界人口の増加が停止するとの論文を雑誌

---

[12] Population Division of the Department of Economic and Social Affairs of the United Nations Secretariat (2007) "World Population Prospects: The 2006 Revision, Highlights" New York: United Nations, pp.vii-xii

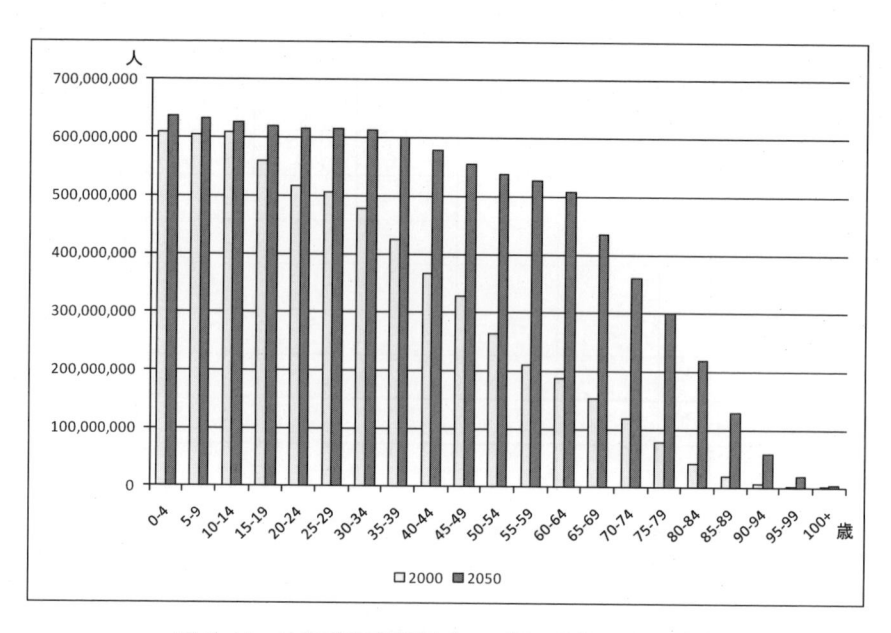

図2-11　5歳階級別世界人口（2000年・2050年）
出所：Source：U.S. Census Bureau, International Data Base（http://sasweb.ssd.census.gov/idb/worldpopinfo.html）より筆者作成

Natureに掲載している[13]。

次に図2-11は、世界人口の5歳階級別年齢別人口構成について、2000年の実数値と2050年の推計値を比較したものである。2000年の人口構成が若年層を最大人口とするいわゆるピラミッド型であるのに対して、2050年には釣鐘型の人口構成へと推移して行く。2000年に比して、2050年の高齢者人口は、65〜69歳で2.86倍、70〜74歳で3.06倍、75〜79歳で3.85倍、80〜84歳で5.40倍になることが推計されている。そして95〜99歳では16.54倍、100歳以上は、なんと35.66倍にもなると予測されている[14]。

今後、世界人口は成長を止め、日本の地方や国家と

[13] Wolfgang Lutz, Warren Sanderson, Sergei Scherbov（2001）"The end of world population growth" Nature 412, pp.543-545

同じように急速に減少することになるだろう。また少子化、高齢化についても急速に進むことになるのである。現在、合計特殊出生率が3.5を超えるような地域はアフリカ大陸の中央部に限られるようになってきている。南北アメリカ大陸、ユーラシア大陸、中国も、インドも、東南アジアの多くの国々でも合計特殊出生率は軒並み低下しており、3.00を下回る国が大半を占める。

世界もまた日本に遅れること70～80年ほどで、人口の急減と少子高齢化を経験する。世界もまた大転換に向けての取組を開始しなければならない。日本はその先陣を切って国際社会に対して、この大転換に向けて何をすべきか、その方策を示す立場にある。

2.5 まとめ
―縮減社会の全体最適性の確保

1）急激な人口の増加は、過去わずか100年の間に起こったことに過ぎない。我々は次の100年間で、ほぼ100年前の人口に逆戻りするという社会の大転換を経験する。

2）急激な人口の増加は、スケールフリー性によって引き起こされたものであり、今後起きる急激な人口減少は、ネットワークの脆弱性が引き起こすものである。

3）国家全体の成長より、都市の成長が、都市の成長より先に地方の成長があった。国家の成長が地方の成長に結びつくと考えるのは誤りである。

---

[14] データは、U.S. Census Bureau, International Data Base（http://sasweb.ssd.census.gov/idb/worldpopinfo.html）に2010年5月29日現在掲載されているデータに基づいている。

4）1950年に4.94％だった高齢者人口の割合は、2000年に17.37％となり、2050年には39.56％になる。成人の半数が高齢者となる超少子高齢社会が到来する。

5）①個人の視点を極度に重視した社会は、国家財政が破たん寸前であるにも関わらず、小さな政府の大きな福祉を止めることができない。

②経済の成長の見込めない私たちの社会は、もう大きな政府は望めない。中くらいの政府の中くらいの福祉か、小さな政府の小さな福祉か、どちらかを選択せざるを得ない。

③個人の視点で行動しても、全体の最適を確保することこそが情報社会の自治の最大の課題である。

6）今世紀の終わりまでに世界人口は減少に転じる。それもおそらく急激な人口減少となる。日本は世界に先駆けてそれを経験し、その対処方法を世界に示さなければならない。

第3章 議会の情報化と独自性の確保

3.1 社会活動の主体としての住民

3.1.1 公と私・官と民による社会活動モデル

　小さな政府の小さな福祉を社会が選択するとしよう。その時、経済成長を前提としてサービスを増やし、行政を大きくすることを是としてきた従来からの議会そして行政は、どのように変わるべきなのだろうか。

　図3-1は、縦軸に解決すべき課題の領域としての「公」と「私」、それを解決すべき主体としての「官」と「民」という2つの対立軸を設定している。

　「公」の課題とは、例えば、近くの小さな公園の清掃について考えてみたい。公園は地域の住民の利便に供する施設であり「公」の課題ではあるけれども、自治体全体の住民の利益は小さい。清掃は住民が、つまり「民」の仕事としてやってはどうかという判断もあるだろう。

　また、氾濫する河川の治水は、流域の多くの住民が解決を望むことから、「公」の課題として扱うことができるだろう。そして、おそらくは「官」の仕事として、治水の費用は税金で賄うことが議会で承認され、行政の仕事となるだろう。

　家族の1人が脳疾患で倒れて寝たきりになった。これは「私」の領域の課題だが、少人数の家族ではとても介護できない。これは誰もが抱える可能性のある社会的課題として扱うことができるから税金を投入すべ

きと判断し、「官」が介護に対応することもある。

　最後に企業活動はどうだろうか。株式などに投資して利益を追求するための活動は「私」の課題として扱うことができる。主体となるのも「民」であり、「私」の課題を「民」により実行する領域は、行政の実行する領域の対極をなす市場の領域である。

　図3-1には、「公」「私」と「官」「民」の2つの対立軸により4つの象限による活動モデルが存在する。それらは、①「公」の課題を「民」が解決する活動、②「公」の課題を「官」が解決する活動、③「私」の課題を「官」が解決する活動、そして④「私」の課題を「民」が解決する活動の4つの社会活動モデルである。ここでは、これら4つの社会活動モデルについて、それぞれ便宜的に、①を貢献モデル、②を計画モ

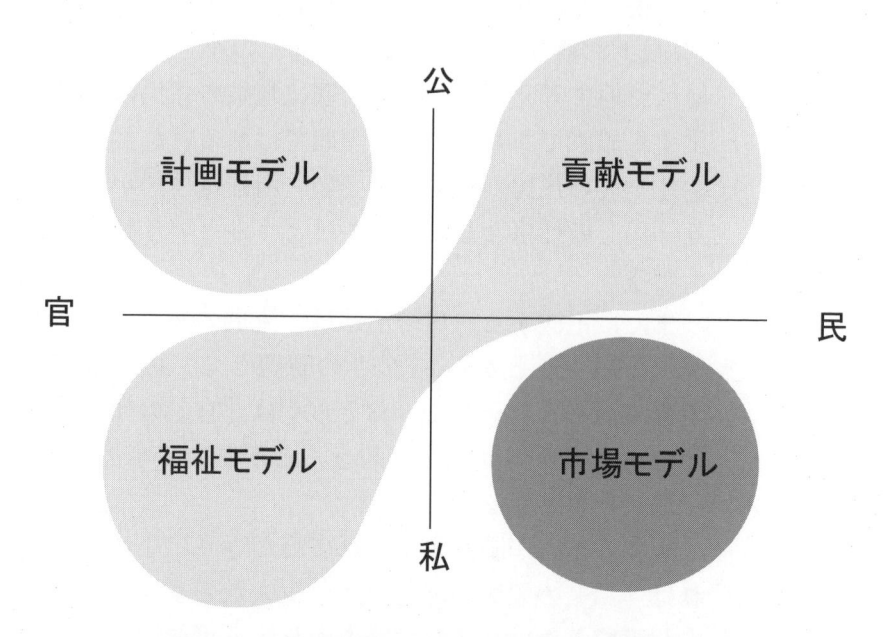

（左上）計画モデル　（右上）貢献モデル
（左下）福祉モデル　（右下）市場モデル
軸：公／私、官／民

図3-1　大きな政府の大きな福祉の社会活動モデル
出所：慶應義塾大学環境情報学部　熊坂賢次教授作成に加筆

デル、③を福祉モデル、④を市場モデルと呼ぶことにする。

これまでの大きな政府の大きな福祉は、市場モデルによって獲得された莫大な収益の一部が計画モデルへ税金として収納され、行政が、計画モデルのみならず、貢献モデルや福祉モデルの活動までをも担うものであった。

いわゆる「新しい公共」と呼ばれる活動領域は、図3-1では貢献モデルと呼ぶ領域の活動であるが、大きな福祉を担う大きな政府としての行政は、「公」の領域を独占したばかりでなく、「私」の領域である福祉モデルもその対象としてきた。

しかし、大きな政府が抱える問題は、市場モデルがこれまでのように成長を続け、収益を拡大し続けるならば、大きな政府の大きな福祉のモデルは成立する。高度成長期には、このような考え方が成立するが、人口の増加が止まり、さらに急激な人口減少とともに超少子高齢社会へ突入する社会の場合には、市場モデルの成長とそれに伴う収益に依存して、大きな政府の大きな福祉を実現することはもはやできない。

国民から「税金を払っているのだから行政はしっかりしろ」といった声がよく聞かれる。これは大きな政府による大きな福祉を前提とした発言である。国民の90％以上が民間企業に勤め、市場モデルを活動の場として、そこから得られた法人税や、そこでの労働の対価として得た収入の一部をさらに住民が税として収めることで社会が成立していたからともいえる。しかし、こうした構造を維持し続けることは、将来の人口構造から明らかに不可能である。それではどうしたら良いのか。

3.1.2　貢献・福祉モデルにおける主体選択制

　この問題については様々な議論がある。政府を小さくするならば、政府は本来主体として活動すべき計画モデルに専念し、貢献モデルと福祉モデルへのサービスを縮減せざるを得ない。

　現在でも既に、財政のひっ迫する自治体は、貢献モデルの活動領域をNPOが、また福祉モデルの活動領域を民間企業が主体となることを期待して、それら主体による活動も活発に行われつつある。

　貢献モデルや福祉モデルの領域において活動可能な多様な主体が対応する考え方は有力である。多様な主体とは、住民やNPOはもちろん、行政や企業をも含み、かつてのように、すべてを行政が主体として活動するよりは、できる主体ができる活動に対応すること

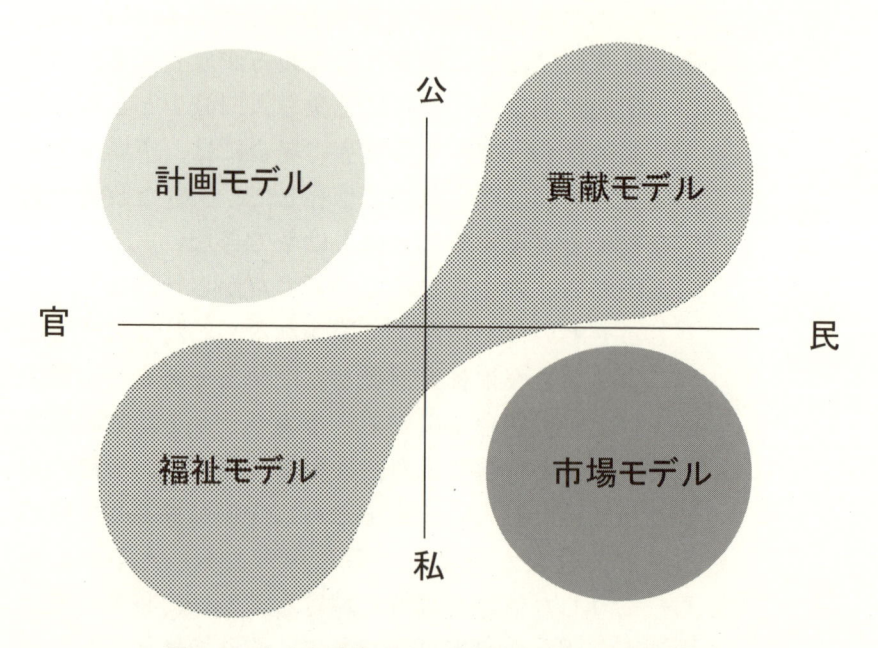

図3-2　小さな政府の小さな福祉の社会活動モデル
出所：慶應義塾大学環境情報学部長　熊坂賢次教授作成に筆者加筆

は確かに効率的かつ効果的だろう。

　しかし、貢献モデルと福祉モデルにおいて多様な主体による選択制を採用した場合には、その領域に発生するサービスの不足や、逆に過度のサービスの供給がある等の問題や課題に、社会がどのように気づき、判断し、対応すればよいのかが社会的課題となる。

　つまり、小さな政府の小さな福祉を社会が選択するとなれば、図3-2の貢献モデルと福祉モデルの領域において、住民、NPO、行政、企業などの社会活動の主体が、どのような方法で選択的かつ効率的に多様なサービスを供給するかが課題となるのである。

3.1.3　課題解決に必要な主体選択

　貢献モデルと福祉モデルの領域は、小さな政府になれば、地域社会の問題を税によって解決するのではなく、住民の負担を前提として解決しなければならない。また少子高齢社会となれば、介護を要する者の人口に占める割合は当然高くなる。また家族機能も低下し、これまで家族で担ってきた子育てや介護などの福祉機能を外部化しなければならなくなる。しかし、これらの問題を解決することの生産性は高くはない。

　企業が生産性の低い領域で、あるいは収益の上がりにくい領域である福祉モデルや貢献モデルの活動を展開することは難しい。資産の蓄積のある個人や団体は別にして、福祉モデルにおいても企業の活発な活動が継続されるとは考えにくい。またNPOであっても、同様の理由から、すべての貢献モデルと福祉モデルの領域で、スタッフの人件費や活動経費などを確保できるとは考えにくい。たとえ一部の経費を住民が負担するにせよ、計画モデルからの支援がなければ、十分な

活動を継続することはできないだろう。
　したがって、小さな政府を選択した場合には、貢献・福祉の両モデルの活動すべてに対応できる主体はないのである。そこでは行政による適切な支援が必要であるし、また住民による無償あるいは安価な労力の提供や金銭的負担が不可欠になるだろう。
　小さな政府では、貢献モデルと福祉モデルにおいて、常に主体を選択する必要に迫られる。そして、そこで発生する多様な課題に対して、計画モデルとして行政が主体として解決にあたるのか、一部行政が支援して住民が主体で解決するのか、住民だけが主体となるのか、企業が主体となる場合その費用負担は行政なのか、住民なのか、はたまた案分によるのか、さらにその案分はいかなる比率にするのか。政策や予算決定の機能を持ち、執行機関ではなく、社会システムにおいて議決機関と位置づけられている議会は、常にその決定に関わることになるだろう。
　その時、議会に対しては、計画モデルに関わる行政情報のみならず、貢献モデルと福祉モデルへの支援や協力の必要の有無や、支援や協力の規模を判断するための情報や知識が不可欠になる。
　議会が、主体選択のために必要な情報や知識を外部参照系はもちろん外部入力系によって、いかに情報を受け取るかが自治体情報政策の主要な課題として浮上する。
　特に問題なのは、住民が貢献モデルと福祉モデルによるサービスの不十分によって、生活環境が著しく阻害された場合に、貢献モデルと福祉モデルの主体が行政ではないとすれば、どのように住民は、その必要性を訴えたらよいのか。住民から議会へ、貢献モデルと

福祉モデルを担う多様な主体から議会へのフィードバック・ルートを確保することが、極めて重要な課題となるのである。

3.2 フィードバックのない議会

3.2.1 成長に甘んじた弱い議会

　高校生の政治経済の教科書をお読みになった方であれば、地方自治の機構と題したこの図に一度はお目にかかっているはずである（図3-3）。この図には、執行機関である知事や市町村長と、議決機関である地方議会が、2元的な代表機関として描かれている。

　だが、この図を良く見ると、確かに知事や市町村長も、議員も住民の選挙によって選ばれる。しかし、行

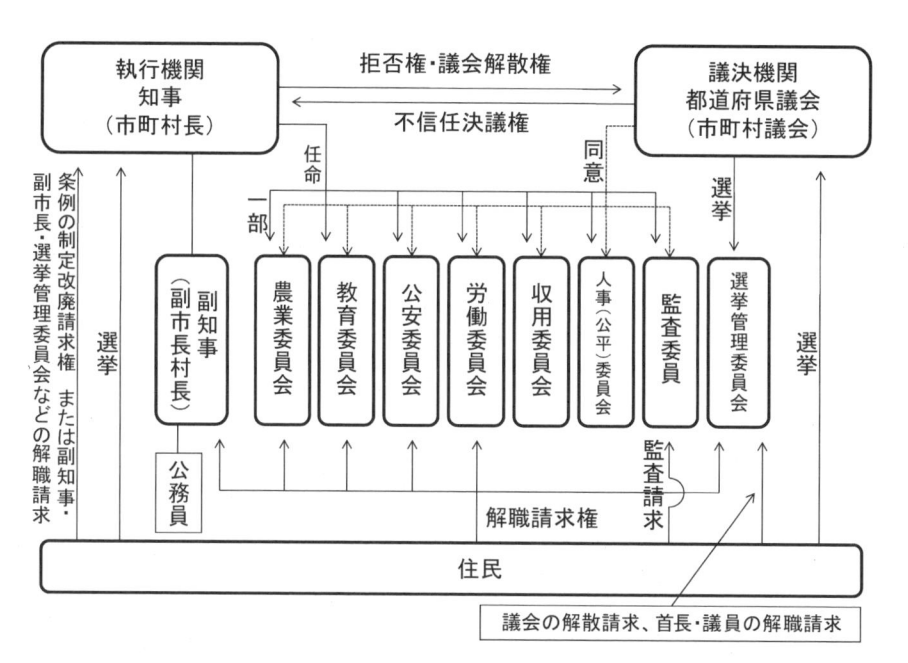

図3-3　地方自治の機構

政に対する副知事などの人事権はもちろん、各種行政委員会に対する任命権も知事や市町村長が有している。行政に関わる実質的な人事権のほぼすべてが、知事と市町村長に委ねられている。この地方自治の制度設計は、2元代表制というよりは大統領制に近い。

その上、知事や市町村長は、議会の議決に対して拒否権を有し、さらには不信任決議権に対して議会の解散権を有している。このような制度設計が、事実上、地方議会を行政が実施する計画モデルによる再配分に弱い影響を与えるだけの、行政に内包された存在として位置づけてきた。

市場モデルの収益が日々拡大し、貢献モデルや福祉モデルにまで計画モデルが拡大した大きな政府の大きな福祉であれば、このような議会のかたちもあり得る。しかし、既に縮減社会に突入している地方自治体では改革への熱意を燃やし、相当に努力する地方議員であっても、担当部局や企画あるいは予算担当部局との交渉や一般質問を重ねて、やっと要望の一部を行政事務として実現するといった状況に陥っている。無い袖は振れないのである。

また、執行機関の知事や市町村長に対して、多数の議員がいることも、議会の権限を分散化させてしまう。本来、議会は、条例案や予算案の提出により政策を主張し、知事や市町村長による執行状況を監視して抑制すべき位置づけを与えられている。議会は、政策の主張と執行の監視、抑制により住民意見を反映するのである。

それにも関らず、議会事務局のスタッフは実質的に公務員なのである。自治体も、政党も、地方議員の政策形成費やスタッフの人件費を賄うことはない。地方

議員は、少ない情報と知識で、行政をけん制しなければならず、しかし、当然のことながら、情報量は圧倒的に行政に劣る。

3.2.2 低い政治への関心と住民参加率

　住民の政治や行政に対する関心の低さも、現行の地方自治が十分に機能しない理由の一つである。日本の自治体における住民参加は、マスタープランの策定や条例の制定など行政が設ける住民参加の場への参加率で、人口に対してせいぜい0.2％程度と低調なのである。住民の99.8％は自治に参加してない。

　したがって、人口20万人の自治体であれば、400人程度が政治的関心を行動に表す層である。その自治体の議員定数が仮に30人だとすれば、それぞれの議員に対して十数人程の実質的な参加者がいるのみである。

　しかも、その行動する400人の人々も、関心のない住民も、過去の経験に基づくならば、議員を通じての間接的な意見反映を試みるよりは、行政の担当者と直接交渉した方が、意見反映の可能性が高いという実感を有していることだろう。

　そのために行政の情報化は、この10年ほどで急速に進み、電子掲示版や電子会議室などと呼ばれる初歩的な双方向通信システムからスタートしたインターネットによる住民参加は、その後、パブリック・インボルブメント、住民意見やウェブサイトでの住民行動情報を分析するマイニング、さらに最近ではフェイスブック、TwitterなどのSNSを利用する自治体も増えてきている。

　その一方で、議会の地方自治の機構への位置づけが

前述のとおり甘いためか、行政への関心に比べ議会活動への関心はかなり低い。議会の情報化はほとんど進まないのが現状である。

　計画モデルから、貢献モデルや福祉モデルへと行政が拡大する過程では、俗に「ドブ板」などと言われる地域レベルの貢献モデルや福祉モデルの仕事を「官」のものとすることで、大きな政府では議員活動の成果の住民へのフィードバックとすることができたのかもしれない。しかし、小さな政府の小さな福祉を選択するとなれば、議会は全く機能しない可能性が高い。

　貢献モデルと福祉モデルの活動において、行政が実行あるいは支援するのか否かの決定に関わるにしても、これまでの議会は、住民との関係があまりにも遠く、情報化もあまりにも遅れているために、広く住民意見を聞くことや、データの収集や分析を独自に進めることもできない。現行の大きな政府においてさえ、議会の決定が、正確な情報に基づく判断で行われているのか不安になる。

　計画モデルの実行範囲のみならず、貢献モデルと福祉モデルの実行主体を選択し、その分担率さえ決定する重要な役割を議会が果たすとすれば、現在の地方自治の機構にある位置づけは余りにも弱い。これを強化する必要がある。

3.3　議会の情報化の課題と実態

　前節では、社会の成長過程にあった頃のように議会が、行政サービスの拡大に対して影響を与え、その成果を住民にフィードバックするかたちでは機能しなくなることを指摘した。

将来において議会は、自治体の政策形成に関わるとともに、特に貢献と福祉の両モデルにおける課題に対して、税による執行あるいは支援の可否を判断する主体選択機関として機能することが重要な役割となることを合わせて指摘した。

　本節では、わが国の自治体議会としては、その予算規模からも、最も情報化の水準が高いと思われる東京都23区の議会のウェブサイトを参照し、そこから議会情報化の課題とその独自性の確保の状況について概観する。その前に国や都道府県の議会がどのようなウェブサイトを構築しているのかを見ておきたい。

　なお、この節において取り上げるウェブサイトは、2010年7月中旬のものである。また各サイトの評価について、筆者はトップページを中心にウェブサイトを概観し、各議会の事務局に機能の有無を確認していない。そのために本来は有する情報や機能を見つけることができずに、対応していないと判断した可能性があることをご了承いただきたい。

3.3.1　国会および都道府県議会のサイト
1）衆議院・参議院
　日本は議員内閣制を採用しており、議会の信任に基づいて内閣が行政権を掌握する。また内閣総理大臣は議員の中から選出され、国務大臣は内閣総理大臣が任命する。内閣は、組閣されて行政権が与えられた後も、国会に対して連帯して責任を負う（日本国憲法第66条3項）。そして行政府と立法府が相互に抑制する関係にあるとともに、内閣総理大臣も国務大臣も国会議員を兼職し、内閣と議会は相互に協力する関係にある。この点で国と地方の議会は、大きく制度が異なっ

図 3-4　衆議院（左）と参議院（右）
出所：http://www.shugiin.go.jp/（左）、http://www.sangiin.go.jp/（右）

ている。

　衆議院と参議院のサイトの構成を概観すると、まずは、最新情報などが掲載され、議案、議事録、議員紹介、委員会、請願などの議会の基本情報が載せられている。ページ横には議長あいさつ、動画による議会中継、その他、それぞれの議会の機能説明などで構成される。両院ともに基本的な構成に大きな違いはない。

　外部参照系としての利用を念頭に置くと、衆議院のサイトは、議会の機能やフォトギャラリーなど、国民が参照する場合の知る機能を意識したサイト構成がなされ情報内容も充実している。また、参議院が単に文字の大きさだけに配慮しているのとは異なり、衆議院では読み上げや配色の変更など、アクセシビリティを強く意識したサイトに仕上がっている。衆議院のサイトの充実ぶりは、参議院のサイトを 2010 年時点では大きく上回っている。参議院も二院制の意義やその役割を強く打ち出すページ構成を検討してほしい。

図 3-5　北海道議会（左）と東京都議会（右）
出所：http://www.gikai.pref.hokkaido.lg.jp/（左）、
　　　http://www.gikai.metro.tokyo.jp/（右）

2）北海道議会・東京都議会

　都道府県の議会サイトはどうだろうか。ここでは北海道議会と、後ほど東京都23区のサイトを概観する関係から東京都議会の2つのサイトを見る。

　北海道議会のサイトは、最新情報、議長あいさつ、議案、議事録、議員紹介、委員会、請願、議会機能の説明などの基本情報に加えて、動画や音声による中継と外部参照系については、国会が有する基本構成を踏襲している。その他、メールマガジンを発行しており、道民への外部入力系の情報提供にも取り組んでいる。

　また東京都議会のサイトは、最新情報（トピックス）、議長あいさつ、議員紹介、委員会紹介、議案、議事録、陳情・請願、議会機能の説明などの基本情報に加えて、動画・音声による中継、録画の提供、議会関連番組の提供など外部参照系の基本構成は、国会と

同様であるが、内容はかなり充実したものである。

その他、情報公開に関する情報提供や住民への外部入力系とも言えるメールマガジン、議会への外部入力系とも言える意見要望の受付などにも取り組んでいる。東京都議会は、都道府県議会としての情報化に大変積極的である。

さらに両議会ともにアクセシビリティへの取組にも配慮している。2010年度に総務省は「みんなの公共サイト運用モデル」の改定を行った。今回の改定は、日本工業規格のウェブアクセシビリティ規格であるJIS X8341-3：2010「高齢者・障害者配慮設計指針 —情報通信における機器、ソフトウェア及びサービス —第3部：ウェブコンテンツ」の等級AAに2014年までに準拠することを目標としている。

みんなの公共サイト運用モデルは、国及び地方公共団体等の公的機関のウェブサイト等が高齢者や障害者を含む誰もが利用できるようにするための指針として作成されている。ウェブサイトのアクセシビリティの確保は、高齢者や障害者への配慮に限定されたものと理解されがちだが、アクセシビリティの確保がなされることによって、そのページを機械的に読み取る際にも、格段に優れた精度で情報内容を把握することができる。このことは将来、システムが自動的に読み取った情報を、それを必要とする個人に直接送信するような外部入力系へと発展する可能性を高めるものでもある。

この運用モデルを総務省は、地方公共団体に対して目標を達成すべきことを通知するはずであるが、地方公共団体の議会については、これに準拠するかどうかは、その独立性を確保する立場からも指導することは

しないだろう。多くの地方議会は、アクセシビリティの確保がネット上のコンピュータという機械による情報提供の基礎であり、すべての住民とコミュニケーションを図るために必要な措置であることを理解してほしい。

　最後に、インターネット上のコンピュータの住所（アドレス）を示す文字列であるドメイン名を確認する。北海道議会と東京都議会は、ともに自治体の親ドメインの中に独自ドメインである「www.gikai」を設けて運営しており、行政のコンピュータからは独立して、自律したサーバー運営が可能な環境を確保している。

3）日本の議会サイトの基本構成

　国会の両院と都道府県議会のウェブサイトを見ると、外部参照系として①最新情報、②基本情報として議長あいさつ、議案・議事録、議員・委員会紹介、陳情・請願など、また③動画・音声の利用が見られる。

　次に住民への外部入力系として都道府県議会では、①メールマガジンの利用が見られる。議会への外部入力系としては、②意見・要望の受付にも取り組んでいる。さらに国会や都道府県議会に利用はないが、海外ではFacebookやTwitterなどの③SNS利用（第4章参照）があり、④その他の外部入力系ツールについても利用の有無を確認したい。

　インターネット上のコンピュータのアドレスであるドメインについては、独自のものを利用していれば①民間ドメインなのか、行政を親ドメインとするが独立したサーバーで運用される②独立ドメインなのか、行政のサーバーの中で運用される③行政ドメインなのか

表 3-1　国会・北海道議会・東京都議会のウェブ構成

		衆議院	参議院	北海道議会	東京都議会
Ⅰ.	外部参照系				
	①最新情報	○	○	○	○
	②基本情報				
	議長あいさつ	○	○	○	○
	議案・議事録	○	○	○	○
	議員・委員会紹介	○	○	○	○
	陳情・請願	○	○	○	○
	議会機能説明	○	○	○	○
	③動画・音声	○	○	○	○
Ⅱ.	外部入力系				
	①メールマガジン			○	○
	②意見・要望				○
	③SNS活用				
	④その他				
Ⅲ.	ドメイン				
	①民間ドメイン				
	②独立ドメイン	○	○	○	○
	③行政ドメイン				
Ⅳ.	アクセシビリティ	○	○	○	○

をウェブサイトから確認する。

　最後にアクセシビリティへの対応について確認する。

　以上の構成を手掛かりとして、国会と北海道ならびに東京都議会のウェブサイトの構成を概観したものが表 3-1 である。この表を見る限り、国会に対して都道府県議会は、より住民との外部入力系の情報システムに取り組もうとしている。住民に近い市区町村等は、本来であれば、さらなる外部入力系の情報システムへの取組が期待される。

3.3.2　東京都 23 区議会の現状

　東京都 23 区の各議会についても、表 3-1 に示した指標を手掛かりにウェブサイトを概観する。なお、本

来ならば23区すべての区議会のウェブサイトを紹介すべきだが、同質的なサイトもあり、記述の重複を避けるために、ここでは以下の10区のみを紹介する。なお先述のとおり、ここで取り上げるウェブサイトは2010年7月中旬時点の評価で、掲載は順序不同である。

1）荒川区議会・世田谷区議会

　荒川区と世田谷区は、ともに行政の情報化では全国でもトップクラスに位置する自治体である。外部参照系としての基本構成については、どちらの自治体もほぼ満たしている（図3-6、表3-2）。

　世田谷区は、「皆さんと区議会」というコーナーを設けて、住民と議会とのコミュニケーションを図ろうとする姿勢は見られるものの、内容は陳情や傍聴の案内等にとどまっており、外部入力系のメールマガジンや意見募集などには対応していない。

図3-6　荒川区議会（左）と世田谷区議会（右）
出所：http://www.city.arakawa.tokyo.jp/kugikai/（左）、
　　　http://www.city.setagaya.tokyo.jp/kugikai/（右）

表3-2　荒川区議会・世田谷区議会のウェブ構成

		荒川区議会	世田谷区議会
Ⅰ．外部参照系			
	①最新情報	○	○
	②基本情報		
	議長あいさつ	○	○
	議案・議事録	○	○
	議員・委員会紹介	○	○
	陳情・請願	○	○
	議会機能説明	○	○
	③動画・音声	○	○
Ⅱ．外部入力系			
	①メールマガジン		
	②意見・要望		
	③SNS活用		
	④その他		
Ⅲ．ドメイン			
	①民間ドメイン		
	②独立ドメイン		
	③行政ドメイン	○	○
Ⅳ．アクセシビリティ			

　アクセシビリティへの対応については、両区ともに不十分で、荒川区ではスクロールする2つのページを同時にウェブサイト内に表示するフレーム利用のページづくりが見られる。これは目の不自由な方がホームページの読み上げソフトを利用する際には少々不便である。また荒川区は、大きな議場の写真や荒川区の位置など、住民にはあまり必要のない情報がトップページにある。

　両区議会ともにドメインは、区の行政サイトと同じものを利用している。同じドメインの方がウェブサイトの運営経費面で有利との考え方もあるが、行政のドメインを利用することは、行政のサイトの運営方針に従わなければならなくなり、行政を抑制、監視する立場としてはいかがなものだろうか。

両区は、行政の情報化では高く評価され、行政への住民参加にも熱心である。区議会のウェブサイトも、より多くの住民の声を受け止める姿勢を示すことが必要だと感じる。

　確かに、住民の声は、一人ひとりの議員が、自分自身のウェブサイトや地域の会合などで受け止めればよいと考えることもできる。しかし、住民の多くは、誰が自分の住む地域の議員なのかさえ知らない。それゆえ、それぞれの区議会議員がどのような活動をしているのかも知らないし、気づきもしない。そうした現状を踏まえて、住民が抱える問題に公共性を与えるもう一つの窓口として、また、議員が住民の声を代弁する機能を発揮し、そのことに気づきを与えるためにも、区議会のウェブサイトには外部入力系の機能が必要である。

2）渋谷区議会・練馬区議会

　渋谷区は、都心区の一つであるが、議会のウェブサイトは、基本構成を概ね満たしているものの情報量が少なく、請願・陳情や動画・音声の機能もない。またアクセシビリティへの対応もない。議会情報の外部参照系としては十分な内容とは言い難い（図3-7、表3-3）。

　また最下部のメール送信ボタンの両側にある画像の意味も不明で、画像のリンクには欠損もあった。議会情報は、行政情報とともに、本来は住民に不可欠なものである。ウェブサイトは、ていねいにデザインすべきであるし、運営管理にも十分対応したい。

　渋谷区議会は、メールアドレスへのリンクを設けているが、おそらくは議会事務局がメールの受け付けを

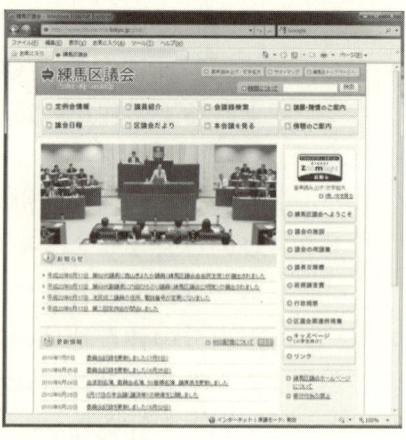

図3-7　渋谷区議会（左）と練馬区議会（右）
出所：http://www.city.shibuya.tokyo.jp/gikai/（左）、
　　　http://www.city.nerima.tokyo.jp/gikai/（右）

表3-3　渋谷区議会・練馬区議会のウェブ構成

	渋谷区議会	練馬区議会
Ⅰ．外部参照系		
①最新情報	○	○
②基本情報		
議長あいさつ		○
議案・議事録	○	○
議員・委員会紹介	△	○
陳情・請願		○
議会機能説明	○	○
③動画・音声		○
Ⅱ．外部入力系		
①メールマガジン		
②意見・要望		
③SNS活用		
④その他		RSS
Ⅲ．ドメイン		
①民間ドメイン		
②独立ドメイン		
③行政ドメイン	○	○
Ⅳ．アクセシビリティ		○

※渋谷区の議員・委員会紹介は、委員会の紹介がないため「△」とした。

しているのであろうか。請願や陳情は受け付けないとの断り書きがある。住民からのメールの受け手として、正式な請願書を電子メールで送りつけられては困るという事務局の立場は理解できる。しかし、陳情を単語の意味どおりにとれば「実情や心事を述べる」（広辞苑）ことである。住民からの素直でインフォーマルな陳情はできるだけ受け付けて、議員に伝達し、できる限り議員はこれに応えたい。自治体議会は、住民の声を積極的に受け入れる姿勢を持ってほしい。

一方、練馬区は、23区の中でも多数の住民の生活の場となっていることから、行政は住民参加のまちづくりに熱心である。そのためか練馬区議会のウェブサイトも、情報内容が充実している。わが国の自治体議会の模範的なサイトの一つと評価できる。

練馬区議会は、ウェブアクセシビリティにも対応している。さらにウェブサイトの更新情報を要約して、住民に定期的に送信できるRSS（RDF Site Summary）に対応している。RSSは住民に気づきを与える外部入力系の手段として有効だろう。

日本の行政は、幸いにして今のところ住民参加に比較的熱心である。しかし、住民が行政の対応に満足できない場合は議会の判断に頼らなければならない。また行政は本来執行機関であるから、住民の意見や要望を掘り起こすのは、事務遂行の効率性の追求からすれば本来は最小限にとどめたいはずである。

それゆえ地方議会こそが、メールマガジンによる住民への気づきの提供や、住民からの意見・要望の受け入れなど、多様な外部入力系のツールを駆使して住民とのコミュニケーションに積極的に取り組むべきである。

なおドメインについては、両区議会ともに行政のものを使用している。

3）品川区議会・中野区議会

両区議会ともに最新情報や基本情報は概ね満たしている。品川区議会は、陳情・請願に関する情報が確認できない。動画・音声への対応ではCATVで収録された区議会の動画とその番組を紹介している（図3-8、表3-4）。

品川区議会も、中野区議会も独自のドメインで議会情報を発信しているが、特に品川区議会は民間のサーバーを利用し、行政からは完全に独立したかたちでサイトを運営している点が特徴的である。

民間ドメインでの独自運用の利点としては、均質的な行政の公平性に基づく運用ルールにとらわれなくて済む。各議員のページとの連携を図ったり、議会の中継はUstreamや、録画された動画はYouTubeを活

図3-8　品川区議会（左）・中野区議会（右）
出所：http://www.db-search.com/shinagawa/（左）、
　　　http://kugikai.city.nakano.tokyo.jp/（右）

表 3-4　品川区議会・中野区議会のウェブ構成

	品川区議会	中野区議会
Ⅰ．外部参照系		
①最新情報	○	○
②基本情報		
議長あいさつ	○	
議案・議事録	○	○
議員・委員会紹介	○	○
陳情・請願		○
議会機能説明	○	○
③動画・音声	○	
Ⅱ．外部入力系		
①メールマガジン		
②意見・要望	○	
③SNS活用		
④その他		
Ⅲ．ドメイン		
①民間ドメイン	○	
②独立ドメイン		○
③行政ドメイン		
Ⅳ．アクセシビリティ		

　用したりできる。またFacebookやTwitterを活用すれば、コストの心配もせずに、最新情報を提供したり、審議中の本会議や委員会に対するコメントを受け付けるたりすることができる。民間のツールを自由に利用することで、強く住民との双方向性を意識した幅のある情報提供に取り組める可能性がある。

　品川区議会のページデザインについては、荒川区議会や練馬区議会にも見られるが、議場や正副議長の写真などは、住民から見れば、あまり正面に掲げる必要のない情報である。むしろ現在はそれらの写真の下にある最新情報の方が重要度は高く、ページのトップに位置づけるべきものではないだろうか。また意見や感想のメールによる受け付けもあるが、ページの最下部にあるので見つけにくい。

一方、中野区は、行政の情報化では多様な電子申請に取り組むなど大変積極的な自治体の一つである。しかし区議会の情報提供は、基本構成は満たしているものの非常にシンプルなもので、動画・音声への対応もなく、住民の声を反映するためのメールマガジンなど、外部入力系への取組みもない。

　中野区議会は、行政の運営する親ドメインの中に、独立したドメインを確保している。独立ドメインであれば行政からの技術提供を受けることで、さらに充実した情報内容のウェブサイト構築に取り組めるはずである。インターネット環境を共有することは、運営経費の効率化もさることながら、進んだ行政のICT利用能力を活用できる点もメリットになるので悪いことではないだろう。

　なお、残念ながら両区ともにアクセシビリティの確保はなされていない。

4）杉並区議会・千代田区議会

　杉並区議会も千代田区議会も議長あいさつが見られないが、基本構成は満たされ、議会情報もかなり充実している。千代田区議会は、動画・音声への対応はない。また、両区ともにアクセシビリティへの対応もなされている（図3-9、表3-5）。

　杉並区も千代田区も住民参加に熱心な自治体で、官民を越えた多様なまちづくりに取り組んでいる。そうした中で杉並区議会は、外部入力系への取組がみられないが、千代田区は都心区の区議会にもかかわらず、メールマガジンの発行や意見要望の受け付け、インターネットによる公文書の開示請求などにも取り組んでいる。

図 3-9　杉並区議会（左）・千代田区議会（右）
出所：http://www.gikai.city.suginami.tokyo.jp/toppage.htm（左）、
　　　http://kugikai.city.chiyoda.tokyo.jp/（右）

表 3-5　杉並区議会・千代田区議会のウェブ構成

	杉並区議会	千代田区議会
Ⅰ．外部参照系		
①最新情報	○	○
②基本情報		
議長あいさつ		
議案・議事録	○	○
議員・委員会紹介	○	○
陳情・請願	○	○
議会機能説明	○	○
③動画・音声	○	
Ⅱ．外部入力系		
①メールマガジン		○
②意見・要望		○
③SNS 活用		
④その他		開示請求
Ⅲ．ドメイン		
①民間ドメイン		
②独立ドメイン	○	○
③行政ドメイン		
Ⅳ．アクセシビリティ	○	○

千代田区は、地域SNSの利用にも取り組んでいることから、外部入力系の一つとして議会のSNS利用にも是非取り組んでいただきたい。

　ドメインについては両区議会ともに、独立ドメインによる運営である。そのために行政からは一定の距離を置きつつ、議会関連情報を誰にでもわかりやすく整理して、外部参照系の使いやすさに十分な配慮が見られる。

　特に、千代田区議会のウェブサイトは、動画・音声への対応はないものの、より積極的に外部入力系への対応を進め、住民により近くあろうとする姿勢は、わが国自治体の模範的サイトの一つとして評価できる。

5）台東区議会・目黒区議会

　台東区議会も、目黒区議会も、ともに行政ドメインで議会サイトを運営する自治体である。両区は、行政のCMS（Contents Management System：コンテンツ・マネジメント・システム）というウェブサイト全体を統一して管理するシステムを利用している[15]。CMSは、サイトの作成が苦手な職員がいても、アクセシビリティへの配慮や全体の統一感を妨げることなく各ページが構成される。

　一つの組織が、多様で大量の情報を提供する場合には、CMSは極めて便利なツールとなる。しかし、方針や役割が異なる組織が、同じCMSを利用する場合には、どちらかの組織の方針や役割に従わなければならない。議会と行政は明らかに機能が異なる。それに

---

[15] 台東区議会のウェブサイトは、2011年5月現在大幅なリニューアルが行われ、アクセシビリティにも対応したサイトに更新されている。

図 3-10　台東区議会（左）・目黒区議会（右）
出所：http://www.city.taito.tokyo.jp/index/064593/index.html（左）、
http://www.city.meguro.tokyo.jp/kugikai/（右）

表 3-6　台東区議会・目黒区議会のウェブ構成

	台東区議会	目黒区議会
Ⅰ．外部参照系		
①最新情報		
②基本情報		
議長あいさつ		
議案・議事録	○	○
議員・委員会紹介	○	○
陳情・請願	○	○
議会機能説明	○	○
③動画・音声	○	○
Ⅱ．外部入力系		
①メールマガジン		○
②意見・要望		
③SNS 活用		
④その他		
Ⅲ．ドメイン		
①民間ドメイン		
②独立ドメイン		
③行政ドメイン	○	○
Ⅳ．アクセシビリティ	○	○

も関らず同じCMSの中で情報を提供することは、自由度の点でも、独立性の点でも問題がある。

　例えば台東区議会のアドレスは、区のアドレスの下に「064593」という文字がある。これは、おそらくそれぞれのページの管理担当課等を識別するための番号である。台東区の場合、一担当課と同じ位置づけで議会事務局にディレクトリ（サーバーとなっているコンピュータの中に設けられたフォルダ）を割り当てている[16]。議会事務局が行政に内包された形では、行政のウェブサイトの運営方針が変われば、議会の運営方針も変わってしまう。インターネット上とはいえ行政のコンピュータを利用するのでは民間のコンピュータとの接続の制限などもあるだろう。行政の監視、抑制の役割を持つ機関としては、行政ドメインの利用はできるだけ避けた方が良いように思う。

3.3.3　地方議会のウェブサイトの課題

　東京都23区議会のウェブサイトの現状から地方議会のウェブサイトの課題を整理する。

　第1に指摘できるのは、国と地方自治体の議会は、制度上大きな違いがある。それにも関わらず、地方議会のウェブサイトの基本構成は、国会に類似し地方の独自性を発揮できていない場合が多い。

　わが国の場合、地方自治体が独自に自治制度の設計ができないので致し方ないのかもしれないが、それでも国は議員内閣制で、地方は大統領制に近い。それだけの制度差があるにも関わらず、国会と同様の情報構成になるのは、議会が地域社会の問題解決の場として

---

[16] 2011年5月現在の台東区議会のアドレスは、http://www.city.taito.lg.jp/index/kugikai/index.html である。

機能していないからではないかと疑いたくなる。

　第2に指摘できるのは、地方議会は、住民に最も近い議会であるにも関わらず、住民の声を積極的に受け入れる体制をほとんど有していない点にある。

　単にメールを受け付けている自治体も含めて、外部入力系の情報化に対応している自治体は、東京都23区議会であっても約半数にとどまる。全国の地方議会を見るならば、この割合はさらに下がるだろう。本来は独立した議決機関として機能すべき地方議会が、実態としては行政の決定を追認する位置づけにあることを反映しているのではないかと疑いたくなる。

　地方自治の機構への位置づけが弱いという問題はあるが、議会が積極的に住民の声を反映する姿勢を持つならば、住民は執行と議決の2つの機関において自分の意見を反映するチャンスを有するはずで随分と様子も変わるだろう。

　第3に、これも地方自治の機構における位置づけが影響するのかもしれないが、そのドメインから判断する限り、地方議会のインターネット環境は、行政に依存している場合がほとんどである。

　東京都23区のように大きな規模の予算を扱う自治体であれば、議会のウェブサイト構築の予算程度ならば十分に確保できるはずである。そうした自治体でさえ、民間のドメインを利用している事例はわずかに1事例のみである。

　ウェブサイトの運営方針まで行政の方針に従うのでは、議決機関としての独立性は確保しにくい。行政のインターネット環境を利用する場合には、執行機関の長と主義主張の異なる政党が活動する場合にも問題が多いと思われる。しかし現時点でそのことを問題視し

ないのだとすれば、地方議員のほとんどは、インターネットを議会という公式の場で活用していないということだろう。だとすれば当然、住民もほとんど活用していない。そうでなければ、行政のウェブサイト内の議会のページで執行機関への批判が噴出するなどといった多くの矛盾がウェブサイト上で起こるはずである。

　最後に第4として、アクセシビリティに対応していない自治体があまりにも多い。住民からの議会サイトへのアクセス数が、住民との関係を意識しないサイトづくりのために少ないことから、アクセシビリティの確保を求められることも少ないのかもしれない。

　しかし今後、議会は、貢献モデルと福祉モデルの領域における課題解決の主体選択という重要な役割を担うはずである。住民や福祉政策の対象となる住民についてより多くを知り、意見を聞かなければならない立場にあることを考えると、早急にアクセシビリティに対応する意識を醸成しなければならない。

3.4　まとめ
―縮減社会で必要な議会の情報化

1）公と私・官と民による4つの社会活動モデルを設定するならば、市場モデルによる収益を計画モデルから再配分する大きな政府の大きな福祉モデルを、人口の急減と超少子高齢社会が訪れる将来に向けて存続させることは不可能である。

2）行政が計画モデルのみに対応する小さな政府では、貢献・福祉の両モデルにおいて、住民、NPO、行政、企業などの社会活動の主体が、どのような方法で選択的に多様なサービスを供給するかが課題と

なる。

3）議会による主体選択のために必要な情報や知識を外部参照系と外部入力系からどのように受け取るかが、自治体の情報政策の主要な課題として浮上する。特に、多様な主体から議会への情報のフィードバック・ルートの確保が大きな課題となるだろう。

4）これまでの議会は、住民との関係があまりにも弱く、情報化があまりにも遅れている。データ収集や分析を独自に進めることもできていない。貢献モデルと福祉モデルの実行主体を選択し決定する役割を議会が担うとすれば、現在の地方自治の機構にある位置づけを変更する必要がある。

5）現状から地方議会の情報化の課題として次の4点があげられる。①基本構成は国会と類似し地方の独自性を発揮できていない。②住民の声を受け入れる体制を有していない。③インターネット環境を行政に依存している。④アクセシビリティにほとんど対応できていない。

6）貢献モデルと福祉モデルにおける主体選択制への移行を前提とするならば、行政情報とともに、住民からの情報は、主体選択のために必要不可欠である。特に住民からの情報収集能力を高めることは、議会判断の独立性、独自性を確保するためにも早急に取り組むべき課題である。

第4章 民主主義とソーシャルネットワーク

　米国や英国の議会ならびに行政が必ずしも優れているというわけではない。だが民主主義の長い歴史からか国民と権力者との間のコミュニケーションには、一日の長があると思えてならない。

　国民や住民とのコミュニケーションの機能を有しないわが国の議会のウェブサイトを見る限り、海外の事例は大いに参考になると思われる。

　前章までにICTの必要性と超長期の人口増減からみた新たなる変革のかたちとしての主体選択性の必要性を示した。本章は、それを具現化するために、わが国の自治制度とそのための議会・行政の情報政策に求められる課題について、住民とのコミュニケーションに長い歴史を持つ海外の事例から考察する。

4.1　人々の意識とソーシャルネットワーク

4.1.1　映像の多用と受け手の意識

　ホワイトハウスのウェブサイトを開くと、まるでファッション雑誌の写真のようにキリッと引き締まった顔で執務にあたるオバマ大統領の写真が現れる。

　国民にとって、大統領の政策はもちろん重要ではあるけれども、行政権を担った大統領が、どんな様子で仕事に打ち込んでいるのか、その表情や仕草から得られるイメージは大変に重要である。

　それゆえ、ホワイトハウスのトップページには、どんな仕事をどんな様子でこなしているのか、図4-1に

図4-1　ホワイトハウスのウェブサイト
出所：http://www.whitehouse.gov/

あるように、プロの写真家が撮影したオバマ大統領の写真とともに、ここではウォール街の改革についてだが、執務内容がわかるように簡単な説明が掲載されている。

　国民がホワイトハウスのウェブサイトを訪れた際に、いくらシンボルだからと言っても、あの見慣れた白い建物が、いつもホームページの中央にドンと鎮座しているのでは、国政は何も変わらないのかと、その様子を知ろうという気にもならなくなる。

　国民が知りたいのはホワイトハウスではなく、ホワイトハウスの中で、一体何が行われているのかである。そのことをホワイトハウスのウェブサイトの編集者は良く理解している。

　日本の公的なサイトに良く見られるが、市長の顔や議場の写真、あるいは地域の象徴的な建物や風景などが、いつもサイトの真正面に大きく鎮座しているのは好ましいとは言えない。写真や動画から得られる情報量は、文字とは比較にならないほどに大きいと言われ

る。そして映像に対する印象は、受け手によって大きく異なる。いつ訪れても違った映像を伝えていることに対して、情報の受け手は政策が着々と動いているという印象を持つだろう。そして受け手は、自分の意識に照らして、それら映像に対する自分の印象を好ましさや不快などの感情とともに持つことになるだろう。

　英国首相のウェブサイトも同じように映像を多用する。英国の首相官邸の愛称は「Number 10」である。官邸の住所はダウニング街10番地である（図4-2）。

　こちらもウェブサイトのトップストーリーは、首相が今取り組んでいる最重要課題が掲げられ、執務中の首相の表情が一目でわかる映像が正面に掲げられる。Number 10では、トップストーリーに動画を用いているが、その動画も毎日のように更新され、ここでもホワイトハウス同様に政策が動いている印象を受け手に与える工夫が凝らされている。

　トップストーリーの動画は、数分の短い映像であるが、その内容に関心を持つと、首相の行動に関わる数

図4-2　Number 10のウェブサイト
出所：http://www.number10.gov.uk/

多くの写真を民間企業の運営する写真共有サイトにおいて見ることができる。首相の分刻みのスケジュールが、わずか1日の中でめまぐるしく変わる写真の数々から、情報の受け手には様々な解釈が生まれていることだろう。

そして、その数々の写真の中には、国民とのコミュニケーションを重ねる首相の姿が必ず埋め込まれている。こうした配慮は、ホワイトハウスのウェブサイトの映像でも同様である。民主主義国家として、国民とのコミュニケーションが十分に図られていると、情報の受け手である国民に感じてもらうことは何より重要である。

米国大統領と英国首相のウェブサイトの担当者は、腕の良いウェブデザイナーと良く相談をして、国民が知りたいと願う、そうあってほしいと感じるイメージを、常に動的に提供する編集に心がけている。安定した政権には社会とのつながりが、つまりソーシャルネットワークとの関係が何より重要だからである。

4.1.2　政権運営とソーシャルネットワーク

社会的つながり、つまりソーシャルネットワークと常に関係を持っていることが政権の安定に役立つとなれば、当然のことながら国民が頻繁に利用するSNS（Social Networking Service）などのツールを権力者も利用することになる（図4-3）。

ホワイトハウスやNumber 10のウェブサイトは、情報の送り手から受け手へと強く作用させるためのものである。しかし、発信した情報が受け手にどのように扱われ、どのように感じられたのか。その意識を把握することは安定した政権運営にとって重要である。

図 4-3　米国大統領の facebook と英国首相の flickr
出所：http://www.facebook.com/barackobama（左）、
　　　http://www.flickr.com/photos/number10gov/（右）

それは将来の主体選択にとっても極めて重要だろう。
　また、受け手が形成するソーシャルネットワークでは、発信した情報がどのように扱われているのか。送り手からの情報が様々なクラスターにおいて、どのように共有され、どのように処理されたのか。送り手が送信した政策情報は、クラスターを結ぶ弱い紐帯によって成長し、スケールフリー性を発揮して支持されているのか。
　政治家や行政官であれば大統領や首相でなくとも、有権者が形成するソーシャルネットワークが、どのように動き、自分の形成するクラスターは、ソーシャルネットワークの中でどのような位置づけにあるのかを常に把握したいと考えるだろう。
　そこで、多くの政治家は国民が頻繁に利用するFacebook や Twitter といったいわゆる SNS を利用する。これらのシステムを利用して行政権や立法権に関わる人々が参加することで、自分が発信した情報がど

のように受け取られ、どのように扱われているのかを定性的に、文字情報等のやりとりから分析する。

さらに Number 10 のサイトでは、Flickr という民間の写真共有サイトを利用している（図4-3）。国民の多くが利用する Flickr を使用するならば、もちろんコストがかからないというメリットもある。それ以上に、そこでは公開された写真のうち、どのような写真が人々に受け入れられ、どのような写真が拒絶されるのか。どのような写真が多く閲覧され、多く共有されるのか。そして共有された写真は、どのようなコメントとともに人々に閲覧されているのかを把握することができる。

受け手の意識を把握することは、政治家にとっても、行政官にとっても、次の行動を決定するための重要な指標となる。少なくとも、政策の受け手の意識をまったく知らずに政策を打つ人々よりは、明らかに不確実性は低減し安定に近づくことができるだろう。

4.1.3　ソーシャルネットワークの動きを知る

議会や行政からの情報の送り手としては、SNSなどでやりとりされる言葉や文字などの定性的な情報から、その意識を知るだけではなく、受け手が形成している社会的なつながり、つまりソーシャルネットワークの現状やその動きを知ることも政策判断の役に立つ。

ソーシャルネットワークの分析には様々な方法がある。しかし、最近では、ソーシャルネットワークをソシオグラムというグラフで可視化して分析して、直観的に状況を判断することができるようになっている。

ソシオグラムを利用してソーシャルネットワーク分

析を精確に行うには専門的な知識が必要である。そして最近では、様々な側面から社会的ネットワークの構造を分析することができるようになっている[17]。情報社会は、人々の意識や行動が可視化されやすい社会であるから、社会の安定にこうしたデータを積極的に活用して、科学的な分析に基づく政策を展開したい。

　ソシオグラムの一例として、日本にはmixiというSNSがある。このサイトのつながりを簡単にソシオグラムとして描くことのできるmixiGraphというソフトがある。シンプルなソフトであるが、このソフトを利用すると自分がどのような人々とのつながりを有しているのか、また自分とつながっている人々は誰とつながっているのか、誰がそれらのネットワークの中心的な人物であるのか、また時系列に観察していれば、それぞれのつながりの成長と縮減の様子も観察できるだろう（図4-4）。

　第2章においてネットワーク理論を概説したが、こうしたソシオグラムを利用すれば、ひとつ一つのクラスターの大きさ、各クラスターにおいてハブとして機能している人物、スモールワールド性を発揮するための弱い紐帯として機能している人物、さらにはスケールフリー性を発揮しているクラスターやハブがどこにあるのかを知ることもできるだろう。そして、それらは現実の社会活動を良く反映している。インターネット普及率が高い米国や英国、そして日本であれば、SNSなどの多数の国民が頻繁に利用するツールを、国民のつながりと行動を把握するための一つの指標と

---

[17] ご関心がある方は、ウオウター・ディノーイ、アンドレイ・ムルヴァル、ウラディミール・バタゲーリ、安田雪（監訳）（2009）『Pajekを活用した社会ネットワーク分析』東京電機大学出版局などにあたることをお薦めする。

図4-4 mixiGraphによるソシオグラム
出所：http://sg.fmp.jp/mixiGraph/ を利用して作成

して利用しない手はない。

　ソシオグラムによるソーシャルネットワークの本格的な分析にはUCINETやPajekなどと呼ばれるソフトがある。これらのソフトを利用して、社会的ネットワーク分析を実施するには、高度な専門知識と習熟が必要である。

　現時点では、ソーシャルネットワーク分析には専門家の力を必要とするが、mixiGraphのように誰にでも使えて、しかも直観的にソーシャルネットワークの状態を把握できるソフトも開発されている。

　送り手が受け手のソーシャルネットワークの構造を知るためには、送り手も受け手の参加するソーシャルネットワークに参加しなければならない。そのつながりを知るには、そのつながりに参加することが必要なのである。

ただし、権力者がソーシャルネットワークの一員として活動すると、当然のことながら、権力側のネットワークも国民から見えることになる。多くの人々の支持が集められているのかどうか、国民もその権力者の状態を知ることができ、実態が伴わなければ、支援者たちはその権力者の元を離れることになるだろう。

　情報社会は権力者の能力を国民が判断することも容易にする。それゆえ情報社会は、過去のいかなる社会に比べても、国民、住民による自治の可能性が高まるのである。住民にとっても、権力者にとっても、すべての人々にとって、情報社会の自治にはソーシャルネットワークへの参加が不可欠である。

4.1.4　政策に関わる論点を明確にする

　日本の政治の現場を見ていると、政治的活動の多くが権力闘争に明け暮れている。それは悪いことではないが、日本の場合、どんな政策を実現するために政治家が権力闘争をしているのか、その争点が全く見えないのである。

　この首相では「ダメ」だから身を引くべきだなどというコメントが、新聞の紙面をにぎわすのであるが、現在の首相の何がダメで、新しい首相ならば何が「良い」のか、政策の争点が全く見えてこないのである。

　政策の争点が不明確で、その上、実現性も確認されぬまま、豊かな配分を期待させる心地よい政策ばかりが並ぶマニフェストがつくられて選挙が実施される。国民はその実現性を評価することもなく投票してしまう。そして政策の争点も実現性もあいまいなまま、この人では「ダメ」だからと、再び選挙が繰り返される。結局は、何の政策も実行されずに「あの人ではダ

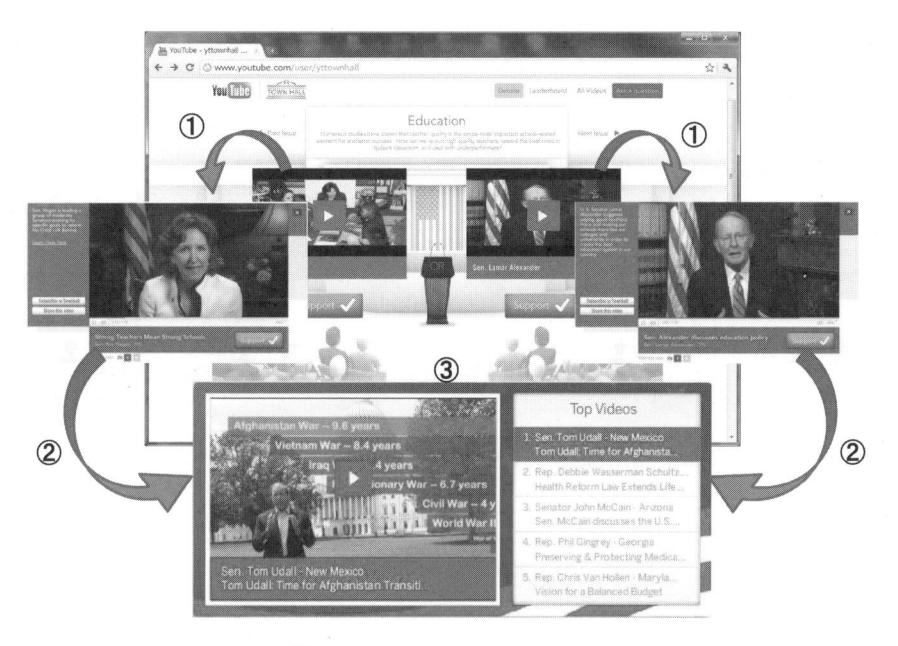

図4-5　YouTube Town Hall

注：①各議員の主張をビデオで視聴する。②主張を支持するかどうかを決める。③最も支持率の高いビデオがリーダーボードに紹介される
出所：http://www.youtube.com/user/yttownhall

メだ」と再び同じ過ちを繰り返す。日本の政治は、今もって幼稚である。

　YouTube Town Hallというサイトがある。このサイトは、現在、参加者が最も重要と思われる事柄を選び、政策的に対立する立場にある議員が、ビデオで自分の政策を主張し、国民と議論を交わす場になっている（図4-5）。

　参加者は、環境、予算、教育、アフガニスタン、経済、保健など、その時に重要な政策課題を分野ごとに論点が異なる議員の1分ほどのビデオを視聴する。そこから参加者は、それぞれの発言者の主張に賛成なのか、反対なのか、その立場を明らかにする。立場を明

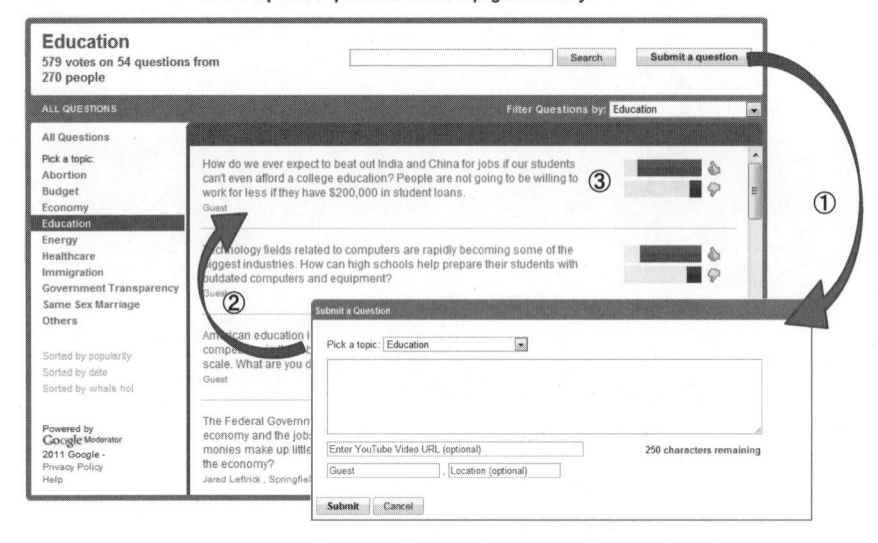

図 4-6　YouTube Town Hall の参加者意見

注：①自分の質問や意見を書き込む。②各カテゴリーの掲示板に質問内容が掲載される。③質問内容に対する参加者の反応が表示される。
出所：http://www.youtube.com/user/yttownhall

　らかにするまで、議員の政党名は明らかにされない。
　参加者は、疑問があって、それぞれの議員の主張に対して賛成、反対の立場を明確にすることができないときには、議員に対する質問や意見を投げかけることができる。参加者からの質問内容で重要なものは、翌月に議員が回答する。それら参加者からの質問や意見、議員のビデオは、普段使っている Facebook や Twitter で仲間と共有して議論することもできる（図4-6）。
　YouTube Town Hall で使われている質疑とその内容評価のシステムは、Google モデレーターというインターネット上のシステムで、誰もがこのシステムを利用して意見交換の場を無料で設置することができ

る。

　参加者の評価の高い質問には、議員がビデオ等で回答するとともに新たな主張を繰り広げる。そして、最も支持率の高いビデオが、トップビデオとして紹介される（図4-6）。

　潤沢なサービスが提供された大きな政府では、自分の支持者に利益を再配分するために権力闘争を繰り広げるのが議員の役割だったのだろう。だから私たちは「人」を選んできた。より多くの利益をより多くの支持者に配分できる人こそが、議員や権力者にふさわしいと考えてきたのかもしれない。

　しかし、既にわが国には配分する利益などない。それどころか、多くの負債と多くの負担を抱えている。将来に向けて、一人あたりの負債と負担はより大きくなる可能性が高い。そうした中での議員の役割は何だろうか。

　情報社会の私たちは、政治の場において、収入や財産の配分は正の配分ではなく、負の配分となった。ならば、そこでの配分の対象は、利益や財産ではなく、誰がどのような義務を負い、その職務を誰が担うのか。その栄誉をどう称えるのかといったことが論点となるだろう。

　情報社会の議会では、「人」選びは、「政策」選びとなり、政策の論点の明確化は極めて重要な事柄となるはずである。

4.2　多量・多様な課題解決に不可欠なSNS　　　　ーソーシャルネットワークの役割

4.2.1　つながりによる自発性の確保

　脳は可塑性を有している。指で粘土を押すとその形

がそのまま残る。可塑性とは、外力を与えて変形した状態が残る性質のことである。脳は外部から情報による刺激をうけると細胞のつながりを作り、その形をそのまま残す。だから我々は記憶することができる。

　第1章で人間の判断プロセスについて説明したが、経験は、脳の可塑性によって形作られたひとつ一つの記憶である。そして、その記憶のつながりを基礎として人間は、外部の情報を参照し、自分の経験の外側から入力された情報による気づきを得て不確実性を低減する。

　はじめてチャーハンの作り方を習ったとしよう。最初は、料理の本、学校の先生、恋人などから作り方を習うことだろう。ご飯、卵、ねぎ、油、塩、こしょう、しょう油を用意する。そして中華鍋を火にかけて煙が立ってきたら油を入れ、溶き卵を加え、それが半熟になったらご飯を入れてほぐし、火が通ったらねぎを入れ、塩、こしょう、しょう油で味を整える。

　学習した情報を基にして行動を起こすことで、経験から得られる多様な刺激が、脳内の細胞ネットワークを形成する。出来上がったチャーハンが美味しければ、うまくいったことで、脳の報酬系といううまく行ったことを喜ぶ部位が反応し、さらに記憶は深くなる。

　うまくいったことに気を良くして、頑にシンプルなチャーハンの味に磨きをかけるのも悪くはない。研ぎ澄まされ完成した美味しさもまた、人々にとって格別である。

　だが、中華丼のあんと白いご飯の組合せに何か物足りなさを感じた時、チャーハンと中華丼のあんを組み合わせたらもっと美味しくなるとひらめいて「あんか

けチャーハン」を創造する。そして新しい味もまた、大いに人々を喜ばせる。

　高度に発達した私たちの脳は、可塑性によって記憶された細胞のつながりと、外部からの刺激によって作られる新しい細胞のつながりを自ら変容させて、新しい価値を生み出す自発性を有している。

　議会や行政が、将来、主体選択を可能とする社会システムの構築に挑むにあたっては、従来のように、計画モデルの範囲内で役割分担と称して、貢献モデルと福祉モデルの領域において発生した課題を住民に押し付けるのでは、主体選択制は成立するはずもない。住民は、サービスの縮減であっても憤りを感じるであろうし、ましてやサービス提供の負担を押しつけられれば反発はとどまるところを知らなくなるだろう。

　貢献モデルと福祉モデルの活動において発生する問題は多種多様である。そして、その課題の発生は予測不可能だろう。それらの多量かつ多様な問題を解決する主体が、地域や自治体内にあるとも限らない。時には外部の主体に依頼したり、協力を仰いだりする必要もあるだろう。

　第2章で次世代に人口急減に伴う大きな変化があることを指摘したが、今後起こる問題は、外部に解決能力を有する主体がない場合も多いだろう。その場合は、自らが新しい対策を編み出さなければならない。それが不可能な場合には、もはや市場モデルによって計画モデルを拡張できない自治体や国家は存続できなくなるかもしれない。

　自治体の、そして国家の持続可能性を高めるためには、新しい政策を生み出す人々の自発性を高めることが必要不可欠なのである。

図4-7　バージニア州アーリントンのウェブサイト
※ホームページ（左）、住民が利用するソーシャルネットワークへのリンク（右上）、ビデオによる担当者からの雪かき情報の提供（右下）
出所：http://www.co.arlington.va.us/

　バージニア州アーリントン・カウンティ（Arlington County, Virginia）は、電子自治体のシンクタンクIntelligent Community Forumの選ぶ、2010年の世界トップ7に選ばれた自治体である（図4-7）。

　人口約21万人のアーリントン郡のビジョンは、「思いやりのある人々のつながりによる持続可能なコミュニティの実現」である。住民のつながりによって地域の問題を解決するための主体を創造し、地域の持続可能性を高めるというビジョンである。

　だからアーリントン郡では、住民が日常的に使うTwitter、Facebook、YouTube、Blogなどを積極的に使って、住民につながろうと呼び掛ける。住民がフォローするTwitterには、天候、工事、子育てなど様々なトピックスが毎日数件ずつ提供される（図4-8左）。そしてTwitterが住民に気づきを与えるツールとして活用されている。BlogやFacebookでは、図書館や環境など各分野の職員が詳細な行政情報を提供

図 4-8　アーリントン郡の Twitter（左）と twitter feed（右）
出所：http://twitter.com/arlingtonva（左）、http://twitterfeed.com/（右）

　する。Twitter の 140 文字のつぶやきでは表現できない詳細な情報を提供して、住民の外部参照系としての知る機能を高めるとともに、住民のコメントや反応を読み取り、政策の受容性を判断して改善する。

　また、複数の民間サイトを利用するには、twitter feed のような自動投稿サービスを利用している場合もある。twitter feed は、いずれかの SNS 等に情報を書き込むと、自動的に Twitter に情報を 140 文字に編集して投稿してくれる（図 4-8 右）。

　YouTube は、様々なトピックスに関わる行政情報の他、カウンティ（郡）の統治機関は議事の様子を提供する。番組のコンテンツは、地元テレビ局の Arlington Virginia Network が映像化して提供している。アーリントンは、議会や行政からの多様な情報提供の媒体として CATV や YouTube を利用する。住民に外部参照系による知る機会を提供するとともに、外部入力系として情報の存在に気づきを与える努力も怠らない（図 4-9）。

　提供した事業や政策の実施に関する情報に対して、

図 4-9　アーリントン群委員会[18] のビデオ
http://www.youtube.com/user/arlingtoncounty

住民がどのように反応したのか。また住民による問題解決の可能性があるのか。住民によるソーシャルネットワークが利用するメディアからの情報を把握することで自治能力を高めるのである。

人間の脳は、その脳の外部とのコミュニケーションによって多くの刺激に触れなければ、新しい価値を創造することができない。行政が頑なにサービスの内容を研ぎ澄ます時代は、成長の時代とともに終わっている。

人間の脳は、可塑性とともに、自発性という優れた性質をすべての人が備えている。地域社会の新しい価値を創造するために、住民が使うツールを使って、議

---

[18] County Board（郡委員会）は、住民から選ばれた数名の委員による郡の統治機関である。

会や行政は積極的に住民のソーシャルネットワークに参加したい。これから起こる未知なる課題の解決策を創造するためには、お互いに外部として刺激を与え合うことが必要である。

4.2.2 情報化による対話と議会の主体選択

地域社会の課題が明らかになった時、行政が計画モデルとして実行するのか、あるいは住民が貢献モデルや福祉モデルとしてその主体を担うのかについて、議会はどのように判断したら良いのだろうか。

また、地域社会の課題が明らかであるのに、議会が計画モデルでの対応を否定した場合、住民は貢献モデルや福祉モデルの主体として、どのように行動を起こせばよいのだろうか。

議会や行政の情報発信により、住民は地域の課題に気づき、それを知ることができる。また住民からの情報発信で議会と行政は気づき、知ることができる。住民、行政、議会は、地域社会の課題に関する情報をどのように共有し、どのように処理し、どのように主体を決定し、それに合意するのか。

ここでは米国シアトル市を事例として、主体選択制の仕組みとしての行政のコンプリヘンシブプランと住民の近隣計画を利用した対話と、住民が貢献モデルと福祉モデルを担う仕組みであるネイバフッド・マッチング・ファンド（Neighborhood Matching Fund）を紹介する。

シアトル市が、地域社会の課題に対して、住民、行政、議会が、どのように主体選択行動を起こし、どのようにコミュニケーションを図り、どのように地域情報を共有するのかを知ることで、わが国が必要とする

主体選択のあり方について考察する。

1）住民と行政の対話までの道のり

シアトル市は、ワシントン州北西部に位置する人口約60万人、市域面積約217km^{2}の州最大の都市である。人口も面積も神戸市の半分くらいをイメージするとよい。カナダ国境に接するこの都市は、西海岸の最北に位置し、必ずしも米国の各都市と比較して地の利に勝るわけではない。降水量も多く冬はかなり冷え込む。

シアトル市の人口のピークは1950年代で、その後、人口は約30年もの間減少を続け、人口が回復しはじめるのは1980年代になるのを待たなければならなかった。1990年代に入ると、経済も回復し、自然と景観の美しさから、人口の流入が始まり現在の人口に至っている。

経済も人口減少とともに低迷し、市の基幹産業であるボーイング社を中心とする航空機産業も業績不振に陥ってしまう。だが、1980年代に入ると経済に回復の兆しが見え始め、1990年代にはマイクロソフト、スターバックスコーヒー、アマゾン、コストコなどの世界的企業が立地するようになる。現在は、全米で最も活気のある美しい都市の一つとなっている。

シアトル市は今でこそ、全米で最も暮らしやすい都市の一つと言われるようになったが、それまでの道のりは数十年の時間を要している。そして、今でこそ行政と住民との対話は、計画を通して冷静に進められているが、計画による対話と、計画をもとにした主体選択が安定するまでには、人口減少が始まってから約40年もの時間を要している。

1970年代の不況期に住民は、頼りにならない行政に見切りをつけていた。そして犯罪が多発する地区では「ブロック・ウォッチ・プログラム」という防犯のための活動を展開し、街区単位にキャプテンと呼ばれるリーダーを決めて、防犯活動とともに地区内の懇親を深めている。

　また、こうした活動が契機となって、現在は観光地としてにぎわっている「パイクプレイス・マーケット」の歴史的保全活動や、ゴミ拾いや街路樹の維持管理などが住民の手で進められるようになる。人口減少に転じてから約20年後の出来事である。

　そして人口が増加しはじめた1980年代には、市の投資が中心市街地ばかりに集中し、住宅地の整備が一向に進まないなどの問題が顕在化する。経済回復の兆しが見え始め、開発計画が浮上するたびに、住民は行政への直接的な抗議などを行っていた。その後、大型開発計画への反対運動の際に、住民は、代替計画（Citizens Alternative Plan）を市に提出する。この住民計画の成果は、開発計画に関わる条例化などには成功したものの、反対運動の対象となった開発計画への影響は芳しいものではなかった。

　だが、この活動を契機として市の計画立案委員会（Planning Commission）は、オレゴン州ポートランドやミネソタ州ミネアポリスなどの近隣計画（Neighborhood Plan）の先進事例調査とともに、市内各地区の現況調査を実施し課題の洗い出しを始める。その結果、住民の指摘のとおり、各地区には多様な課題が山積し、地区ごとに優先して解決すべき課題が大きく異なることが明らかになる。

　そして計画立案委員会は、住民自らが各区域の課題

を明らかにし、できる限り自分たちの抱える問題を自分たちの手で主体的に解決すべきとの結論に至る。

それを受けて住民自らが地域の計画を立案する近隣計画支援プログラムが1987年に創設される。翌年の1988年には、住民が主体的に地域の課題解決に取り組むための基金であるネイバフッド・マッチング・ファンドが創設される。人口がピークアウトしてから40年後の出来事である。

2）計画による対話

日本に限らず、米国においても行政は計画に基づいて執行される。計画に事業を位置づけなければ予算もつかない。公の分野を官が主体となって解決する領域を計画モデルと呼ぶ理由はそこにある。

行政には数多くの計画があるが、最も重要な計画は総合計画である。日本の総合計画は、基本構想、基本計画、実施計画と3層構造を持つことが多い。総合計画は米国で行政と住民の対立の中で1960年代に発展した。シアトル市では総合計画のことをコンプリヘンシブ・プラン（Comprehensive Plan）と呼んでいる（図4-10）。

現在のように、近隣計画による住民との対話の対象となるシアトル市のコンプリヘンシブ・プラン（以下「コンプラン」と略記する）が策定されたのは1994年のことである。このコンプランは、策定期間の3年の間に数千回の住民参加があったと、当時の担当者が語るほどの徹底的な住民参加の過程を経て策定された。

コンプランのウェブサイトには、当然のことながら計画内容のすべてが掲載され、また、改定された内容についてもすべてが記録され公開されている。コンプ

図4-10　シアトル市のウェブサイト（左）とコンプランのサイト（右）
出所：http://www.seattle.gov

ランは、計画モデルで実施すること、つまり税金で行政が主体となって問題解決にあたる事項を明らかにするものであるから、その情報は行政にとっても住民にとっても極めて重要である。

　コンプランの策定管理は、開発計画局（Depertment of Planning and Development）が担当し、改定作業は毎年繰り返されている。米国のコンプランの内容は、それぞれの政策事項が、細かく番号付けされており、総合計画を見れば、行政が20年程度の計画期間の中で何をしようとしているのかが明確に分かる。それゆえコンプランの改定前と改定後の削除や加筆についても正確に記録できる。日本の総合計画のように、やるのかやらないのか分からないあいまいな記述に終始するものは計画書とは言い難い。

　一方、住民の近隣計画は、まちづくり局（Depertment of Neighborhood）が担当する。シアトル市は、近隣計画支援プログラムにおいて市域に13の地区を設定している。

　それぞれの地区にはネイバフッド・サービスセン

図4-11 まちづくり局のページ（左）とネイバフッドプラン（右）
出所：http://www.seattle.gov

ターと呼ばれる施設が設置されている。この施設は、コミュニティセンターの中に設置されているものや商店街の中の店舗を借りているものなど形態は様々である。各サービスセンターには、住民と行政の連携を図るためのコーディネーターが1名と市職員3名が配置されている。サービスセンターでは、まちづくり団体間の調整や地区の会議などが実施され、後述するファンドの相談や申し込みなど行政の窓口としても機能する。

13地区には、さらに複数のネイバフッドがある。同局のウェブサイトによれば、2011年2月現在38の近隣計画が策定されている（図4-11）。

近隣計画はコンプランと同じ20年の計画期間で策定され、すべての近隣計画はインターネットで公開される。プランの内容は、行政の計画と同様に、極めて洗練されたもので、政策事項に番号が付され、具体的な政策内容が示されている。

表4-1は近隣計画の内容の一部抜粋である。そこに記述された内容は、地域の活性化のために土地利用規

表 4-1　アドミラル地区の近隣計画の一部

A. General Issues

There is a strong belief, among the Admiral Planning Coalition, that part of the negative aspect of recent developments is due to land use code variances and conditional use permits.

Policy 1.1: Neither variances nor conditional uses be permitted unless it can be clearly shown, through a very public process, with meaningful community input, that granting the conditional use or variance enhances the Admiral neighborhood. Requiring this enhanced meaningful community input will require a change to the Seattle Land Use Code.

- The Coalition does not, at this time, envision an instance where a variance or conditional use would enhance the Admiral neighborhood: The Coalition, does recognize that, if in the future it can be shown that a variance or conditional use would enhance the neighborhood, a variance or conditional use should be allowed.)

（中略）

Policy 1.2: To enhance the existing character of the neighborhood, buildings should not exceed the following heights, unless it can be clearly shown, through a very public process with meaningful community input, that increasing the height enhances the Admiral neighborhood (this includes height increases allowed for sloped roofs):

- 40 feet for NC2-40,
- 30 feet for NC2-30 and L3, and
- 25 feet for L2 and L1 zones.

This will require a change to the Seattle Land Use Code. See Key Strategy Figures 2 and 3, Streetscape Elevations.

- The Coalition does not, at this time, envision an instance where exceeding the height limits just noted would enhance the Admiral neighborhood: The Coalition, does recognize that, if in the future it can be shown that exceeding this height would enhance the neighborhood, exceeding these height limits should be allowed.)

出所：Key Strategies of Admiral Residential Urban Village 1998 Plan、pp.5-6 より抜粋

制のコード（規約）の変更を強く求めるもので、具体的な高さ制限について触れるなど、極めて専門的で具体的なものである。支援プログラムにより、専門のプランナーの協力があるとはいえ、行政の計画とそん色のない内容のプランを住民の議論の中でまとめあげる能力の高さに驚く。

　一方、日本の住民によるまちづくり計画はどうだろうか。専門のプランナーが参加しているにもかかわらず、行政の計画表現と同じようにあいまいで、内容も具体化、体系化されておらず、問題のイメージを伝えるにとどまる内容である。日本の総合計画も、まちづくり計画の内容も、内容が抽象的で行政と住民との具体的な対話には使えない。主体選択に向けての計画諸制度の大幅な見直しが必要である。

　シアトル市の各ネイバフッドは、近隣計画を策定すると、当然のことながらコンプランにその内容を反映するよう要求する。また、行政も、それを受けて対応の可否を具体的に整理する。計画による対話の労力は、反対運動における住民と行政の対立にかかる労力よりもよほど生産的である。

3）議会による主体選択

　近隣計画が行政に提出されると、「承認と選択のための一覧表」（Approval and Adoption Matrix）が作成される（表4-2）。

　この一覧表は、近隣計画に示された政策、提言、事業などをコンプランの各項目の改定に向けて検討するために設計されたものである。すべての近隣計画は、この一覧表の形式によって整理され、コンプランへの位置づけがなされるかどうかが検討される。

表 4-2 アドミラル地区の承認と選択のための一覧表の目次と内容の一部

Admiral
Approval and Adoption Matrix

Table of Contents

Introduction
　Purpose, Structure, and Function of the Approval and Adoption Matrix 1
　Activities Already Accomplished by the Admiral Neighborhood Planning Committee 1
　Acronyms and Definitions 2

I. Key Strategies 3
　1. Improve the Existing Character and Enhance the Community's Identity of the Admiral Residential Urban Village and the Surrounding Neighborhood 4
　2. Alleviate Traffic and Parking Problems 26
　3. Protect Existing Open Space and Create and Protect More Open Space 36
　4. Improve Existing City Services 42

II. Additional Activities for Implementation 54
　1. Business 54
　2. Transportation 55
　3. Open Space and Natural Environment 59
　4. Built and Human Environment 62

Prepared by the *Admiral Neighborhood Planning Committee* and the City of Seattle Interdepartmental Review and Response Team. Compiled by the Strategic Planning Office. June 23, 1999. Revised by the City Council and Council Central Staff. September 27, 1999.

1. Improve the Existing Character and Enhance the Community's Identity of the Admiral Residential Urban Village and Surrounding Neighborhood

#	Activity	Priority	Time Frame	Cost Estimate	Implementor	City Response
I. Character Plan						
1.1	Amend the Land Use Code to require that neither variances nor conditional uses be permitted unless it can be clearly shown, through a very public process, with meaningful community input, that granting the conditional use or variance enhances the Admiral neighborhood.	High	Short		DCLU	DCLU staff will examine the criteria used for variance and conditional use permit decisions as part of its 2000 work program. DCLU will present recommendations on this activity to Council in the 4th quarter of 2000. The Admiral neighborhood's proposal will be part of the scope of that project.
1.2	The City and the Admiral community should work together to develop a process where the community can provide enhanced and meaningful input into the conditional use and variance granting process (where community desires carry more weight then they currently do).	High	Short		DCLU Community	DCLU staff will incorporate this proposal as part of the project mentioned in the response to activity 1.1.
1.3	The community existing zoning should remain with no changes within the Admiral Residential Urban Village because of the community's strong desire to maintain the existing character of the community.	High	Short		DCLU	The City recognizes the neighborhood's support for maintaining the existing zoning. Future rezone analyses will take into consideration the Council-recognized neighborhood plan policies among other criteria in evaluating any individual rezone proposals.

出所：http://www.seattle.gov/neighborhoods/npi/matrices/pdf/admiral.pdf

　一覧表は、近隣計画の内容をコンプランの方針に関わる重要戦略と、具体の政策にかかわる追加事項の2つの大項目に分けている。近隣計画を策定した住民やコンサルタントは、この一覧表に活動内容、優先順位、実施期間、コスト評価などを書き込み、一方、行政側は、近隣計画に示された政策、提言、事業の実施可否やコンプランの改定の可能性などについてのコメ

ントを書き込む。

　この準備が整うと、議会は一覧表に整理された内容をもとに承認と選択のための調査を開始する。議会は、調査結果をもとに個々の政策、提言、事業について検討し、選択の結果を判断する。行政は、議会の判定結果を受けてコンプランの内容を修正し、改定作業を進める。

　住民が長い時間をかけて議論してきた近隣計画の内容をコンプランに反映するのかしないのか。つまりは行政による計画モデルで対応するのかしないのか。それとも住民による貢献モデルや福祉モデルで対応するのか。議会の決定は、住民の生活を大きく左右する。

　議会のウェブサイトは、そうした住民の強い関心をきちんと受け止めるように構成されている（図4-12）。議会で行われる議論のすべては生中継も含めて公開され、議会中継中も住民は議会のTwitterに対してつぶやくことも、もちろん議場で傍聴することも可能である。

　近隣計画の総合計画に対する反映についての決定内

図4-12　議会のウェブサイト（左）と議会中継（右）
出所：http://www.seattle.gov/council/

表4-3 コンプラン改定条項一覧表

出所：Seattle City Council "Proposed 2009-2010 Comprehensive Plan Amendments" p.2, February 23, 2010

容は、表4-3にあるように市長を含む幹部、計画立案委員会、担当課の予備審査のコメントとともに一覧表で示されることになる。

　議会は、住民と行政の計画による対話の結果に対して大きな責任を負っている。その責任とは、まさに住民と行政から提出された地域課題に対する計画モデル、貢献モデル、福祉モデルのいずれの活動領域の課題であるかを判断するものであり、それはまさに、地域社会の課題を解決するための主体の選択なのである。

4）マッチングファンドによる課題解決

　主体選択の結果、近隣計画にまとめた内容が計画モデルとして実行されるとなれば、住民としては大変に喜ばしいことである。しかし、そうではなかったとしたら、住民が近隣計画策定のために使った労力は水泡

に帰すのだろうか。

　計画モデルで実行されないとの決定は、近隣計画に示された政策、提言、事業のすべてを税金で賄うことはしないという判断である。議会が、計画モデルでの実行を否決した場合には、次の段階として、住民はネイバフッド・マッチング・ファンド（以下「NMF」と略記する）によって地域課題を解決しようとする。

　NMFは、住民が主体的に解決する貢献モデルと福祉モデルの領域の課題に対応するために用意された住民支援制度である。2010年現在、NMFの総額は年間300万ドル（約3億円）の規模となっている。このファンドは、全米でも住民による自治の先進的な成功事例として大きな注目を集めている。

　NMFの使途は決まっていない。住民の提案によって決定され、使途について行政は限定しない。その理由は、住民の自発性に期待するからである。このファンドを利用するための条件は、唯一、地域コミュニティの形成に寄与しなければならないということだけである。

　NMFを利用した事業の内容は、住民が自由に決めてよい。けれども、その事業で必要となる資金のすべてをNMFの資金に頼ることはできない。住民は、NMFで利用する金額と同じ金額分の投資をしなければならないルールなのである。

　当然のことながら、住民が自力で資金を集めることはかなり難しい。そこでNMFでは、住民の労力を1時間あたり15ドル（約1500円）として計算するのである。そして住民は、行政と住民の投資比率が1対1になるように事業計画を立てて、貢献モデル、福祉モデルによる課題の解決を試みる[19]。

表 4-4　マッチングファンドの種類

ファンドの種類	助成額	条件	申請	審査
大規模事業ファンド Large Projects Fund	1.5万～10万ドルまで （150万円～1000万円）	1年以内に完成する事業	年1回	地区協議会及び全市レビューチームの2つの市民団体が審査
小規模事業ファンド Small and Simple Projects Fund	1.5万ドルまで （150万円）	6ヶ月以内に完成する事業	年4回	まちづくり局による審査
樹木ファンド Tree Fund	ネイバーフッドあたり10～40本の樹木	1区画あたり5世帯以上が樹木を受け取る	年1回	なし
啓発ファンド Outreach Fund	750ドルまで （7万5千円）	定期的に活動している団体	随時	まちづくり局による審査
小さな輝きファンド Small Sparks Fund	250ドルまで （2万5千円）	個人に対して助成	随時	まちづくり局による審査

出所：シアトル市パンフレットならびに総務省「ICTを活用した住民参画のあり方に関する調査研究事業報告書」2007年3月に筆者加筆修正

　NMFにより貢献、福祉モデルの事業資金を行政が半分負担してくれることで、住民の負担が軽減される。また行政からすれば、拡大した貢献モデルと福祉モデルの事業を従来必要とされた半分のコストで住民が主体的に実行してくれることになる。しかも、住民が主体的に解決にあたることにより、事業実施後のメンテナンスにおいても、住民が主体的に活動することが多く、管理面でのコスト削減にも大いに役立つという。

　NMFは、表4-4にあるとおり、その金額と内容に応じて5種類のファンドが用意されている。

　この中で金銭を提供せずに、樹木を現物で提供する樹木ファンドは、NMFの中では異色の存在であるが、住民による街路樹の整備などに大きな効果を上げている。

[19] 非物的なプランニングやイベントなどの事業の場合には0.5：1の比率の場合もある。

その他のファンドは、助成額に応じて事業の条件や審査の方法が異なってくる。例えば大規模事業ファンドは1000万円の事業を住民主体で実施することができる。企業が参加することももちろん妨げない。しかし、1000万円の助成を受けるとなれば、1000万円分の資金か労力を住民が確保しなければならない。仮に労力であるとすると、10万ドルを15ドルで割ると、6667時間分の住民の労力が必要となり、1日6時間のボランティアだとすると1111人が参加する大事業を実施することになる。

　大規模事業ファンドの活用事例としては、The Hillside Gardensプロジェクトが有名である。ゴミだらけだった市有地の斜面を菜園にするプロジェクトである。2000年から2001年の夏までの毎週末に60人以上の住民が参加して、コンクリートブロックによる斜面の整備などにより菜園を完成させている。

　小規模ファンドでは、地域住民による10エーカー（約4万m^2）の緑地保全とその利用に取り組むCheasty Greenspace at Mt. Viewの取組みがある（図4-13）。都市内にある地区を分断する急こう配の森には、ホームレスが住みついたり、ドラッグや売春といった不法行為が行われるようになっていた。2008年にはじめて地元の人々が、ゴミの除去や自然の植生を踏まえた植樹などを行い、2009年にはNMFを利用してプランナーに計画を依頼してフットパス（歩道）の整備計画を策定した。現在は毎週第一土曜日に住民による整備が進められている。

　一方、最も少額の小さな輝きファンドは、2万5千円の事業である。このファンドの自由度も高く、近所の人たちのポットラック（持ち寄り）パーティなどに

図4-13　Cheasty Greenspace at Mt. View
出所：http://cheastymtview.com/

　使うこともできる。地域コミュニティの形成に寄与することだけがその条件だからだ。けれども、この小さな輝きファンドでは、公園の掃除など、小さなまちづくり事業も数多く見られる。しかも、小さな輝きファンドはネイバフッド・サービスセンターの窓口で申請できるので、多くの人々がこのファンドを利用する。
　250ドルの事業でも、16時間分の住民の労力に換算されることから、2時間の事業なら、少なくとも8人の住民が参加することになる。小さなまちづくり事業

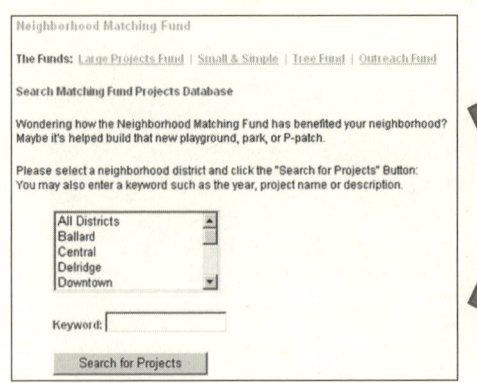

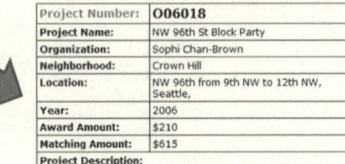

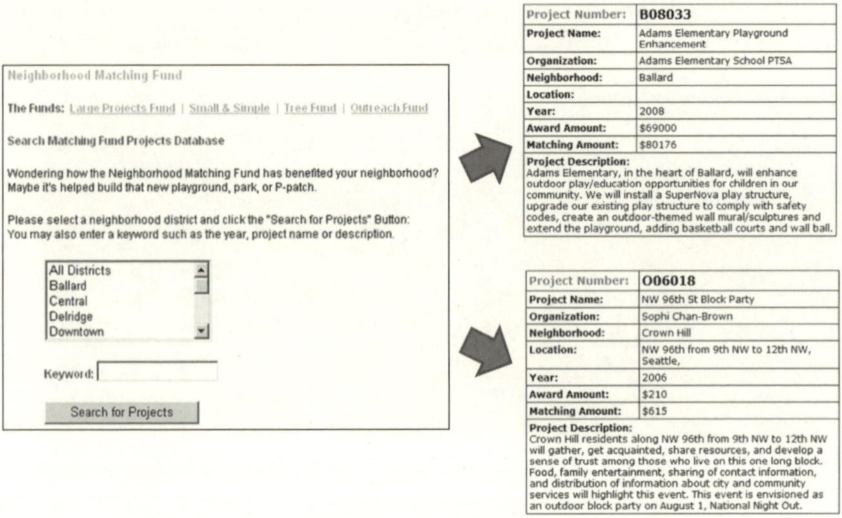

図 4-14　マッチングファンドのデータベースと検索結果
出所：http://www.seattle.gov/neighborhood/nmf/database/

が数多く展開されることは、住民相互のコミュニケーションも増え、新たなクラスターの形成やその自発性を高めることにつながるだろう。

　NMFは、1000人規模の事業から、数人の規模の事業まで、さまざまなまちづくりのクラスターに対応できる。このファンドを活用した事業内容は、すべて市のデータベースに記録される。まちづくり局のウェブサイトから、そのデータベースを検索すれば、対象となったすべての事業について、事業番号とともに事業概要が公開される（図 4-14）。

　データベースを活用すれば、どのような事業がファンドの対象になるのか、また、事業番号を追えば、申請過程の書類を閲覧することも可能である。そうすれば誰もが申請書類を作成することも、事業を企画することもできるだろう。最近ではオンライン申請も可能

表 4-5　マッチングファンドの評価基準

評価基準 (大分類)	配分	評価基準 (小分類)	配分
アイディア	20%	プロジェクトの内容と目的が詳細かつ分かりやすく説明されていること	10%
		プロジェクトが地域の自治、自助、団体活動であり、明確に公共の利益を伴うこと	10%
コミュニティの形成	30%	近隣やコミュニティが抱える課題に対して広範な参加者を募り、人々が協働できる環境を提供するよう努力していること	10%
		地主、商店主、中高年、異なる民族や人種等の異なったグループをつなぐコミュニティを形成し、それらの相互作用を推進すること	10%
		コミュニティが相互に学び合い、パートナーとして活動することを通じてネイバーフッド同士が連携する機会を提供すること	5%
		子どもと大人の有意義な協力関係を推進すること	5%
実現可能性	15%	予算が適正かつ妥当であること	10%
		活動計画が十分に練られており、現実的なスケジュールと開始と終了の時期が明記されていること	5%
拠出と助成の一致 (マッチ)	25%	拠出金と助成金が事業にとって現実的かつ妥当であること。	10%
		広範な参加者とプロジェクトに対するサポートを証明する署名と併せて拠出金と助成金の額が明らかにされていること	15%
期待される成果	10%	プロジェクトの成果によって、ネイバーフッド及びコミュニティがどのように変わるのか、想定される結果が明示されていること	10%

出所：シアトル市パンフレットならびに総務省「ICT を活用した住民参画のあり方に関する調査研究事業報告書」2007 年 3 月に筆者加筆修正

になっている。

　データベースは、どのようなグループがどの地域で活動し、どのような課題を解決しようとしているのか、地域のソーシャルネットワークの状況を良く反映する。議会も行政も住民も、NMF のデータベースの動きを観察することで、地域の課題を把握し、また地域のまちづくり活動がどのように動いているのかを知ることができるだろう。

　NMF の審査は、ファンドの助成額によって異なる

が、大規模事業ファンドのみが地区協議会と全市レビューの2度の審査会に臨まなければならない。しかし、それ以外の審査は、まちづくり局の審査のみである。とりわけ啓発ファンドや小さな輝きファンドは、ネイバフッド・サービスセンターの窓口でも申請可能であることから、住民の気軽な利用を促し、住民の自発性を促すことにもつながるだろう。審査過程での事業の評価基準も極めて明確にされている（表4-5）。

4.2.3　シアトルにおける主体選択制度

　シアトル市は、第一の主体選択である計画モデルの確定をコンプランと近隣計画を利用した対話によって実現している。

　対話の媒体となる行政のコンプランと住民の要求ならびに課題の提起である近隣計画の情報は、ともにすべてが完全に公開される。その公開は、計画書の内容にとどまらず、行政のコンプランはもちろん、近隣計画の策定過程あるいは改定過程までもが、インターネット上で閲覧可能である。外部参照系の情報提供は極めて充実している。

　計画による対話の結果から、判断を求められる議会は、コンプランの改定内容の決定によって第一の主体選択である計画モデルの範囲を確定させる。そのために、近隣計画が住民から提出されると、承認と選択のための一覧表を作成して論点の明確化を図る。

　これを受けて議会は、担当による予備審査の状況、計画立案委員会の判断、市長を含む市の幹部の判断についてのコメントを求め、必要な調査を実施する。コンプランの全体方針に関わる内容は、他の地区やネイバフッドとの政策協議事項などを勘案しつつ、コンプ

ランの改定の可否、つまりは計画モデルで実施すべき範囲を決定する。

　このような議会の審議、決定の過程もまた、インターネットを通じて公開し、審議過程をそのままビデオに残す。さらに論点の明確化や議会の判断のために利用されたすべての資料は公開される。住民も、行政も、議会も、決定過程の完全な公開という姿勢を貫いている。

　計画モデルの内容が確定すると、第二の主体選択である貢献モデルと福祉モデルにおける主体選択が行われる。

　ここでの主体選択はNMFの利用である。貢献モデルと福祉モデルの課題のうち、近隣計画では扱われたものの、議会の判断でコンプランに位置づけられなかったために計画モデルでの実施が見込めない事業は、NMFを利用することになる。

　NMFの審査過程において、近隣計画に位置づけがあるならば、提案するプロジェクトの地域社会における公共性の高さは明白である。また、近隣計画の内容を読むと、近隣計画に位置づけられている事業は、計画モデルでの実施を期待するものばかりではなく、当初から貢献モデルや福祉モデルでの実施を前提としているものもある。

　NMFに採択されれば、行政との協働事業として、住民と行政の1:1の比率での主体選択が行われたことになる。またNMFに採択されなくとも、NMFへの応募をすることで、地域社会からの事業実施の緊急性の表明となり、その情報は共有される。

　さらにNMFの実施結果は、データベース化されることで、どのような地域でどのような課題が発生して

いるのかを知る手掛かりとなる。問題、課題の大きさは、参加者の大きさで表現することも可能であるし、また新たな課題の発生は、小さな輝きファンドの定性的な情報から知ることもできる。

　NMFの情報は、現実の自治を担うソーシャルネットワークの状況をよく表すことができる。

　NMFのプロジェクトでは、住民とともに民間企業が参加することを当然のことながら妨げてはいない。学校のグラウンド整備など、地域がどうしても必要と判断したが、議会が計画モデルでは実行できないと判断した場合には、住民が費用を負担して、市場モデルの活動を利用することもある。

　シアトル市の主体選択は、計画による対話と議会の決定による計画モデルの範囲の決定という第一の主体選択と、NMFによる事業の審査と実施という第二の主体選択の2段階方式が採用されている。

　この主体選択の方法は、住民も、行政も、明確なかたちのある対話を経て決定がなされることから、仮に課題解決の主体が住民になったとしても、NMFの存在により負担感を強くさせることなく、地域社会の課題解決に向けて住民の自発性を高めることができる。

　シアトル市が、1950年代から現在までに50年以上の時間をかけて社会システム化してきた主体選択制度は、われわれが今後直面する縮減と持続の社会で大いに参考となる事例である。

　ただ、シアトル市が経験した以上に、われわれが経験しようとしている人口減少は急激なものである。私たちは、円滑な主体選択と人々の自発性を喚起するさらなる制度の創造に力を注がなければならないだろう。

4.3 議会の透明化と議場の情報化

　計画モデルと貢献・福祉モデルの間の主体選択において議会は、極めて重要な位置にあることがシアトルの事例から明らかである。そして、その重要性は、縮減と持続が求める人口減少社会において、さらに増すものと思われる。

　その際、特に貢献モデルと福祉モデルにおいて重要な役割を演じ、計画モデルとの連携を深める必要のあるソーシャルネットワークに対して、議会はどのように開かれていれば良いのか。

　最後に議会の審議過程の透明化と、そのための議場の情報化の事例を物的にも質的にも世界で最も新しい議会の一つであるウェールズ議会から学びたい。

4.3.1 ウェールズ議会の誕生

　ウェールズは、英国（グレートブリテン・北アイルランド連合王国）の一つの「国」で、外交、軍事、マクロ経済、社会保障、治安は英国議会が担当しているが、その他の問題はウェールズ議会が独自に決めている。

　ウェールズの面積は四国より少し大きく、人口はおよそ300万人であるから、四国より100万人ほど少ない。首都カーディフが最大の都市である。カーディフの人口は、約30万人でだいたい高知市くらいの規模である。

　ウェールズ議会の議場は、カーディフの中心市街地ではなく、ベイエリアと呼ばれるシティセンターからバスに乗って5分ほどで到着する再開発エリアにある。そこにあるガラス張りの建物がウェールズ議会の

図 4-15　ウェールズ議会の会議場
（バーチャルツアーのウェブサイト）
出所：http://senedd.nafw-server.org/en/index_standalone.html

　議場である（図 4-15）。
　ウェールズは英国の地方政府と言えども「国」であるから議員内閣制を採用し、首相も大臣もいる。しかし、10 数年前にウェールズ議会はここにはなかった。
　ウェールズという名前は、アングロ・サクソンの呼び名で「よそ者」という意味合いである。英国王室の皇太子が代々プリンス・オブ・ウェールズを名乗るのは、ウェールズ人としては少々屈辱的である。ウェールズ語ではこの国のことを「カムリ（仲間）」と呼ぶ。
　イングランドによる長期間の併合の結果、ウェールズ議会の機能も、それまではロンドンにあったのだが、地方分権を推進するブレア元首相の提案で、1997 年に議会設置の是非を問う住民投票が実施された。そ

して賛成50.3%という僅差で議会を設置することが決定した。

ヨーロッパの国々では、投票の結果が51対49であっても、決定は決定として従う。わが国の文化には負けた方であっても、49もの得票があったとすれば、それらの意見にも配慮する曖昧な判断がある。しかし、正当な手順を踏んだ結果としての投票ならば、たとえ異論があっても結果に従うのが民主主義の作法である。それゆえ正当な手順を踏むことは極めて重要で、その過程が明確であり透明であることには重い意味がある。

ウェールズ議会ができあがるまでにも、過去の歴史に関わる解釈や議会運営のコンセプトの議論など、議会開設の住民投票を実施するまでには30年以上の議論の時間を必要としたという。

そしてウェールズ議会の最初の選挙は1999年に行われた。ウェールズ議会は、世界で最も新しい議会の一つであり、議場の設備も最新の情報環境を備えている。

4.3.2　ウェールズ議会の最新設備

議場には誰でも入れる。セキュリティ・チェックは、空港と同様にポケットのコインや鍵などをトレイに乗せて、荷物とともにX線検査を受ける。その後、金属探知機の中を通過して荷物を受け取る。

日本の役所も、最近は、霞が関の中央官庁でセキュリティをチェックするようになったが、それでも簡単なもので、地方自治体の役所や議会にチェックはまずない。そうした意味では開かれているのだが、ヨーロッパでは、国や地方の政府や議会の決定には重みが

図4-16　ウェールズ議会の本会議場
出所：http://senedd.nafw-server.org/en/index_standalone.html

あり、多くの血が流れた過去がある。
　本会議場の中は議席が円形に配置され、議場のすべての席にはコンピュータが設置されている（図4-16）。議席数は60で2003年の選挙では女性議員が半数を占めた。また議場の座席のパソコンは投票にも使う。各端末にはICカード・スロットが付属しており、これで認証した後に、賛成は緑のボタン、反対は赤のボタン、棄権は中央の白いボタンを押す（図4-17）。
　議席にあるそれぞれの端末は、インターネットにもつながっている。議会での審議中に資料の確認や、他の議員やスタッフとの連絡に使うこともある。また進歩的な議員はTwitterで住民や支援者の反応を見なが

図 4-17　議員席に設置されたパソコン
出所：筆者撮影

ら議論を進めるという。

　議員がTwitterを使うとすると、ウェールズ国民はどうやって議会を傍聴しているのか。議会の傍聴で最も容易な方法はインターネットである（図4-18）。ウェールズ議会は、本会議も、委員会も、すべての審議がインターネットで中継、録画される。それゆえ、国民も、インターネットの生中継を見ながら、Twitterで自分が支持する議員あるいは反対する議員とのコミュニケーションを図ることもできる。

　ただ、ウェールズは、ロンドンやその周辺と異なり、多くの地域は緑豊かな自然に囲まれ、牧畜が盛んである。人口に対するインターネットの普及率は、概ね70％で、約30％の人は今もインターネットが使えない。図書館などの公共の場には、無料でインターネットが利用できる環境が整ってはいるが、それでも

図4-18 ウェールズ議会のインターネット中継とビデオ閲覧サイト
出所：http://www.senedd.tv/index.jsf

都市部以外の地域に居住する人々にとっては十分ではない。

それゆえ議会のインターネット利用についての合意にはかなりの時間を要したそうであるが、議会の透明化を図るために、議事の内容を公開し、その過程を記録するうえでインターネットは重要であることから議会の情報化を推進した。

日本ではインターネットの普及率は100％に近いわけだが、公平性や格差の拡大が問題にされて、その利用が敬遠される。しかし議会の情報化は、今後の縮減と持続を目指す新しい社会と、そのための決定を担うことから不可欠である。日本の議会も、ウェールズ議

会の合理的な判断を参考にしたい。

4.3.3 議会の透明化と地域の活性化

　ウェールズ議会は、インターネットだけではなく、現実の世界でも、明確に透明化の姿勢を貫いている。議会開催中は、議場へ行きさえすれば、セキュリティ・チェックはあるものの、いつでも誰でも議会を傍聴することができる。

　それは他国の人であっても、すべての人間に傍聴を許容する。日本の議会では、議員の紹介がないと傍聴できないものもあるが、公開の原則を貫くならば、傍聴の自由は当然の帰結である。

　本会議場のすべての傍聴席にはモニターが設置されている。英語とともに、もう一つの公用語であるウェールズ語で議事を聞いたり、必要な情報を集めたりすることができる（図4-19）。議員が審議中にインターネットを駆使して議論するのであるから、それを理解するために傍聴人にも情報環境を提供するのは当然である。

　本会議に限らず、委員会の様子もインターネットで

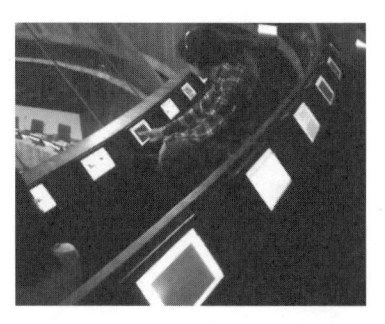

図4-19　傍聴席（左）とそのモニター（右）
出所：筆者撮影

図 4-20　委員会室の放送設備（左）と録画された委員会（右）
出所：筆者撮影（左）、senedd.tv（右）

　中継、録画されるが、その設備は、それほど大がかりなものではない（図 4-20）。
　議会の建物は、天窓やガラスの壁を多用し電気代が30％近くも節約できるという最新のものである。本会議場にも、天井の中央に大きな天窓がとってあり明るい光が差し込む。また各会派の部屋も、委員会が開かれる会議場も、廊下側はみんなガラス張りになっており、議会内での議員の様子は、誰の目にも触れるように配慮されている。
　日本の議会をガラス張りの建物に建て替えることはないが、インターネット中継とその収録の設備の設置は、日本の地方議会の財力からして十分に可能であろう。地方議会の透明化は、各議会ともに是非進めていただきたい。
　ウェールズの首都カーディフは、今、中心市街地もベイエリアも再開発が盛んで、低迷する英国経済がうそのように、街はにぎやかで活気に満ちあふれている。またカーディフは、現在、英国で最も暮らしやすい都市の一つとして有名である。

カーディフの位置する南ウェールズには広大な土地があって大都市はカーディフだけである。経済地理的に恵まれた地域ではある。だが、経済政策を偏重し、成長だけを目指してきたことが暮らしやすい地域を創造したわけではない。

　カーディフは産業革命期の石炭の積み出し港として財をなした街である。その後、経済は長期にわたって低迷し、地域はひどく荒れていた。それゆえ経済が衰退する怖さもウェールズの人々は良く知っている。

　だからこそ、ここでは政治過程のすべてをオープンにして、何を国民の大切な税金で賄うのか、ひとつ一つの課題に対して徹底的に議論を重ねて決めてきた。そして過去の決定の記録をていねいに保存して公開することが、過ちを繰り返さないことに結びつくことを身につけているようだ。

　ウェールズは、「よそ者」と呼ばれ続けて何百年という時間をかけて再び自立しつつある。その結果、再び手にした議会は、その議会をガラス張りのデザインにし、最新の情報環境を備えることで透明化したのは、まさに透明であることの重みをカムリの人々が十分に認識していたからだろう。

4.4　まとめ
―議会改革のための情報政策の課題

1）議会や行政のウェブサイトは、動的情報により様々な政策が具現化されつつあり、国民とのコミュニケーションが十分に図られていると意識されるように構成する。安定した政権にはソーシャルネットワークとの関係が何より重要だからである。

2）情報の受け手が構成するソーシャルネットワーク

の意識を把握することは主体選択においても重要である。そのために受け手が利用するSNSなどの情報ツールを使うのは当然である。

3）ソーシャルネットワークの動きは、ソシオグラムなどで可視化して直観的に分析できる。時系列でそれを観察すれば、どのような価値が成長し、どのような価値が縮減するのかを把握することもできる。ただし、それは権力者だけでなく国民も可能である。

4）計画モデルの範囲を役割分担と称して決定し、貢献モデルと福祉モデルの領域において発生した課題を住民に押し付けるのでは、主体選択制は成立しない。住民の使うツールでソーシャルネットワークの動きを知るとともに、新しい政策を生み出すために住民の自発性を高めることが不可欠である。

5）米国の事例からは主体選択の運用までに40年という莫大な時間をかけている。第一の主体選択の場となる総合計画と近隣計画による対話は、より体系的で具体的な議論を可能にする。議会は、計画対話を承認と選択のための一覧表などにより論点を整理し、独自の調査、資料に基づき主体を選択して決定する重要な役割を担う。

6）第二の主体選択はNMFの利用である。NMFへの採択は住民と行政の1：1の主体選択を意味する。NMFへの応募は、緊急性の表明でもある。NMFの事業規模やデータベースの情報は、現実の自治を担うソーシャルネットワークの状況をよく表す。

7）シアトル市が経験した以上に、われわれが経験する人口の減少は急激である。円滑な主体選択と人々の自発性を喚起するさらなる自治制度の創造、それ

を促進するための情報政策に力を注がなければならない。

8）議決機関としての議会の重要性は、今後さらに増すだろう。政治過程をオープンにして、徹底的に議論を重ね、決定の記録をていねいに保存して公開することが、過ちを繰り返さないことに結びつく。

第5章 結論：情報社会の自治
― ソーシャルネットワークによる民主主義の再生

5.1 顕在化する個人と全体の対立

「ある社会が公正かどうかを問うことは、われわれが大切するもの ―収入や財産、義務や権利、職務や栄誉― がどう分配されるかを問うことである。公正な社会ではこうした良きものが正しく分配される。」

ハーバード大学のマイケル・サンデル教授は、幸福、自由、美徳の3つの視点が議論に具体的な形を与え、一人ひとりにふさわしいものは何か、それはなぜかを問うことで、さまざまな選択肢の道徳的意味をはっきりさせることができるという[20]。

第1章でみたICTの2つの役割は、自由の尊重と幸福の最大化という2つの視点を明確にするものである。

ICTの第1の役割として指摘した「人間が、外部参照系を利用して情報・知識を得ることにより、標本空間（選択肢）を拡大して不確実性を低減する」というICTの役割は、まさに個人の自由の尊重のためのものと言ってよい。

ただし、現在の外部参照系による情報・知識の獲得は、個人の経験に基づくもので、その経験を尊重しすぎることに人々は気づいていない。そのために不確実性の低減には明らかに情報が不十分であり、外部入力系のICTが経験を補い、さらなる自由を尊重するた

---

[20] マイケル・サンデル「これから「正義」の話をしよう ―いまを生き延びるための哲学」早川書房、p.29、2010年

めに必要となる。そして最先端の研究は、機械と神経系、あるいは人間の神経系同士のコミュニケーションに向かっているが、その際、無数の情報の中から、必要な情報をどのように整理して、個人に必要な気づきを与えるのかが課題となることを指摘した。

いずれ情報技術は、この課題を乗り越えるのだろうが、ここに立ちふさがる最大の壁は、不確実性の低減に成功した個人への配分が、社会全体の幸福の最大化に対して偏りなく、社会的に公正と承認されるかという点にある。

したがって、第2のICTの役割として浮上するのは、社会全体を持続可能な状態に保つための多様な気づきを個人に与えることである。

個人は集団の目標達成のためにクラスターを形成し、弱い紐帯として機能する人々がそれらをつなぎ、社会全員が何らかの関係を有する小さな世界を形成する。その中の一部の弱い紐帯が、ハブとして急激に成長し、明らかに社会的に不公正な偏りを発生させる。この成長はいずれ限界に達し、ネットワーク全体は崩壊する。

情報社会の自治を可能とするためには、ICTの第1の役割が担う個人の自由の尊重と、ICTの第2の役割が担う幸福の最大化を目指す全体との間の調整を可能にする社会システムを構築しなければならない。そうでなければ、これら2つの役割は、個人と社会全体の対立を強く顕在化させ、おそらくは自治を不可能なものにする。

5.2 収入よりも義務や職務の分配が重視される

　収入や財産の社会的な分配は、生産の成果によってもたらされる。この点を強く意識してきた成長社会は間もなく終わる。

　なぜならば、急激な人口の増加は、過去わずか100年の間に起こったことに過ぎず、次の100年間で、ほぼ100年前の人口に逆戻りするからである。経済的な側面から見れば、成長の100年においては、物的な不足を充足するためにフローを増大させることが重要であったが、縮減の100年においては、ストックをどう分配するかが問題になる。

　2050年には高齢者の割合が39.56％という超少子高齢社会が到来する。その中で経済成長の見込めない私たちの社会では、大きな政府は望めない。少なくとも今よりも政府は、大幅に小さな政府となることは明らかである。

　また経済学的に様々な視点はあるが、経済成長によるフローは少なくなるが、人の数に対するストックは十分になるから、収入や財産に関わる問題よりも、社会的な関心は、義務や権利、職務や栄誉の分配に移る可能性が高い。

　情報社会は、縮減の社会である。成長の社会とは異なり、収入や財産における自由の尊重と幸福の最大化の議論よりも、むしろ義務や権利、職務や栄誉における個人と全体の調整と分配に関する議論が顕在化するだろう。その際、個人の視点で行動していても、全体の公正が確保されることこそが情報社会の自治の最大の課題である。

5.3 フィードバック・ルートを確保する

　公と私・官と民による４つの社会活動モデルを設定するならば、市場モデルによる収益を計画モデルから再配分する大きな政府の大きな福祉を将来に向けて存続させることは不可能である。

　したがって行政は、計画モデルのみに対応する小さな政府か、あるいはそれに近いものになる。そこでは、貢献モデルと福祉デルにおいて、住民、NPO、行政、企業などの社会活動の主体が、どのような方法で選択的に多様なサービスを供給するか、そしてその選択の道徳的意味をどのように明確にするかが課題である。

　義務や権利、職務や栄誉の分配の道徳的意味を明らかにするためには、その選択の場である議会や、多様なサービス主体の選択に関わる社会システムの情報が、個人に対して開かれていることが前提になる。

　ところが、これまでの議会は、住民との関係があまりにも弱く、情報化があまりにも遅れている。そのうえ、データ収集や分析を独自に進めることもできていない。貢献モデルと福祉モデルの実行主体を選択し決定する役割を議決機関の議会が担うとすれば、現在の地方自治の機構にある位置づけを変更する必要がある。

　主体選択のために議会は、必要な情報や知識を外部参照系と外部入力系からどのように受け取るかが、情報政策の主要な課題として浮上する。多様な主体のうち、特に住民から議会への情報のフィードバック・ルートの確保が大きな課題となる。

　地方議会の情報化の課題としては、当面、①独自性

の発揮、②住民からのフィードバック・ルートの確保、③情報環境の独立、④アクセシビリティの確保の4点が指摘できるが、現状はほとんど対応できていない。

　貢献モデルと福祉モデルにおける主体選択制への移行を前提とするならば、行政情報とともに、住民からの議会への情報の流れは、主体選択のために必要不可欠である。人々が個人の視点で行動しても、全体の公正が確保されるためには、義務や権利、職務や栄誉、の分配の道徳的意味を明確にする必要がある。住民からのフィードバック・ルートを確保して情報収集能力を高めることが、議会の判断の独立性、独自性の確保のために必要である。

5.4　公正が実感できる主体選択制を導入する

　議会や行政のウェブサイトは、動的情報により様々な政策が具現化されつつあり、国民とのコミュニケーションが十分に図られていると意識されるように構成すべきである。

　なぜなら安定した社会は、公正な社会として、義務や権利、職務や栄誉、収入や財産が正しく分配されているという印象を個人と個人が形成するソーシャルネットワークが有していなければならないからである。

　情報の受け手が構成するソーシャルネットワークの意識を把握することは主体選択において極めて重要であるから、受け手である住民や国民が利用するSNSなどの情報ツールを議会や行政が使うのは当然である。

　ソーシャルネットワークの動きは、ソシオグラムな

どで可視化して直観的に分析できる。時系列でそれを観察すれば、どのような価値が成長し、どのような価値が縮減するのかを把握することもできる。このことは、公正な分配にとって極めて重要な情報である。ただし、それは権力者だけでなく個人も把握可能であることは情報社会の特徴であり、それが情報自治の可能性をもたらす。

　計画モデルの範囲を役割分担と称して決定し、貢献モデルと福祉モデルの領域において発生した課題を住民に押し付けるのでは、住民は公正と感じず、主体選択は成立しない。

　住民の使うツールでソーシャルネットワークの動きを知るとともに、新しい政策を生み出すために住民の自発性を高めることが不可欠である。

　米国の事例からは主体選択の運用までに40年という莫大な時間をかけている。第一の主体選択の場となる総合計画と近隣計画による対話は、より体系的で具体的な議論を可能にする。議会は、計画対話の結果を承認と選択のための一覧表などにより論点を整理し、独自の調査、資料に基づいて、主体を選択し決定する。

　第二の主体選択はネイバフッド・マッチング・ファンド（NMF）の利用である。NMFへの採択は住民と行政の1:1の主体選択を意味する。NMFへの応募は、緊急性や優先性の表明でもある。NMFの事業規模やデータベースの情報は、現実の自治を担うソーシャルネットワークの状況をよく表す。

　シアトル市が経験した以上に、われわれが経験する人口減少は急激である。米国の経験を導入するだけでなく、われわれ日本の社会は、円滑な主体選択と人々

の自発性を喚起する情報自治制度の創造を目指さなければならない。

おわりに

　自由の尊重と幸福の最大化は、常に私たちの問題であり続けている。そして「相互的尊重に基づいた政治」を行うことは可能だと思うとサンデマン教授は言う。

　私自身は、そう願いたいのであるが、その実現には少々懐疑的である。多様な価値観を有する住民同士は、お互いを尊重して議論はする。しかし、そこに存在する価値観は多様であり、個人が尊重される社会において結局は、投票や議決などの採決による社会的決定に従う。このようなあいまいな民主主義の仕組みは、相互的尊重の不可能からもたらされたものである。

　だが少なくとも、お互いを尊重して議論をすることは可能である。仮に採決の結果が自分にとって好ましいものではなかったとしても、その議論に参加し、その議論の成り行きを知ることで、個人はそれを公正と認識する。人間の脳構造は、多元的であり異なる価値観の共存を許容するキャパシティを有している。

　成長社会が試みてきたような、ある種の価値観を中心として体系的に全体を統合する社会システムは、縮減社会においては好ましいものではない。社会環境の変化に応じて、自由のために個人の選択的な判断を許容し、全体の幸福のためにそれを常に検証して、修正し、改善を繰り返す過程を明らかにすることこそが、人々が良き分配と承認するための情報社会の自治のシ

ステムではないかと考えている。

　本書は、情報社会の自治という大きなタイトルを掲げ、大転換への対処方法の端緒を明らかにするという大そう立派な目標を掲げて執筆した。しかし、執筆を終えた今、その目標に至るまでには、まだまだ数多くの課題があることを痛感している。そして改めてその問題の大きさと自分自身の小ささを感じているところである。

　そのような小さな私に出版を勧めてくださったイマジン出版の青木菜知子さん、中島大介さんに心より感謝する。また本書は、私の講演や大学での講義をもとに書き起こされたものである。その会場や教室で様々な発想へのヒントをくださった皆様、そして学生諸君に心からお礼を申し上げる。そして、この本は英国カーディフで書き上げたものであるが、執筆の時間を与えてくださった東海大学とその同僚の先生方、カーディフ大学での研究環境を提供してくださったChris Webster先生、塩出徳成先生に深謝する。最後に、25年の長きにわたり安定した環境を提供し続けてくれる良きパートナー美雪と、いつも明るく元気に励ましてくれる瑞穂に心からの「ありがとう」を贈る。

　　　　　　　　　　　　2011年　英国カーディフにて

著者紹介

小林　隆（こばやし　たかし）

東海大学政治経済学部政治学科准教授
2011年イギリスに長期出張。
慶應義塾大学大学院政策・メディア研究科後期博士課程修了。博士（政策・メディア）。長年にわたり神奈川県大和市で市民参加のまちづくりを実践し、退職して現職。
総務省「ICTを活用した地域のあり方に関する研究会」委員、総務省「地域情報化アドバイザー」などを歴任。著書に『インターネットで自治体改革　―市民にやさしい情報政策』（イマジン出版）、『ITがつくる全員参加社会』（共著、NTT出版、『自治体改革　第10巻　情報改革』（共著、ぎょうせい）、『市民参加のまちづくり―マスタープランづくりの現場から―』（共著、学芸出版社）など。
コラム「デジタルでアナログな共同体」日経パソコンオンラインで連載中。

コパ・ブックス発刊にあたって

　いま、どれだけの日本人が良識をもっているのであろうか。日本の国の運営に責任のある政治家の世界をみると、新聞などでは、しばしば良識のかけらもないような政治家の行動が報道されている。こうした政治家が選挙で確実に落選するというのであれば、まだしも救いはある。しかし、むしろ、このような政治家こそ選挙で強いというのが現実のようである。要するに、有権者である国民も良識をもっているとは言い難い。

　行政の世界をみても、真面目に仕事に従事している行政マンが多いとしても、そのほとんどはマニュアル通りに仕事をしているだけなのではないかと感じられる。何のために仕事をしているのか、誰のためなのか、その仕事が税金をつかってする必要があるのか、もっと別の方法で合理的にできないのか、等々を考え、仕事の仕方を改良しながら仕事をしている行政マンはほとんどいないのではなかろうか。これでは、とても良識をもっているとはいえまい。

　行政の顧客である国民も、何か困った事態が発生すると、行政にその責任を押しつけ解決を迫る傾向が強い。たとえば、洪水多発地域だと分かっている場所に家を建てても、現実に水がつけば、行政の怠慢ということで救済を訴えるのが普通である。これで、良識があるといえるのであろうか。

　この結果、行政は国民の生活全般に干渉しなければならなくなり、そのために法外な借財を抱えるようになっているが、国民は、国や地方自治体がどれだけ借財を重ねても全くといってよいほど無頓着である。政治家や行政マンもこうした国民に注意を喚起するという行動はほとんどしていない。これでは、日本の将来はないというべきである。

　日本が健全な国に立ち返るためには、政治家や行政マンが、さらには、国民が良識ある行動をしなければならない。良識ある行動、すなわち、優れた見識のもとに健全な判断をしていくことが必要である。良識を身につけるためには、状況に応じて理性ある討論をし、お互いに理性で納得していくことが基本となろう。

　自治体議会政策学会はこのような認識のもとに、理性ある討論の素材を提供しようと考え、今回、コパ・ブックスのシリーズを刊行することにした。COPAとは自治体議会政策学会の英略称である。

　良識を涵養するにあたって、このコパ・ブックスを役立ててもらえれば幸いである。

　　　　　　　　　　　　　　自治体議会政策学会　会長　竹下　譲

情報社会と議会改革
―ソーシャルネットが創る自治―

発 行 日	2011年7月11日
著 者	小林　隆
監 修	自治体議会政策学会Ⓒ
発 行 人	片岡　幸三
印 刷 所	倉敷印刷株式会社
発 行 所	イマジン出版株式会社
	〒112-0013　東京都文京区音羽1-5-8
	電話　03-3942-2520　FAX　03-3942-2623
	http://www.imagine-j.co.jp

ISBN978-4-87299-578-7　C2031　￥1200E

乱丁・落丁の場合は小社にてお取替えいたします。

イマジン出版

〒112-0013 東京都文京区音羽1-5-8

分権自治の時代・自治体の
新たな政策展開に必携

毎月600以上の自治体関連記事を
新聞1紙の購読料
なみの価格で取得。

自治体の政策を集めた雑誌です
全国で唯一の自治体情報誌

D-file [ディーファイル]

[見本誌進呈中]

実務に役立つよう記事を詳細に分類、関係者必携!!

迅速・コンパクト
毎月2回刊行(1・8月は1回刊行)1ヶ月の1日～15日までの記事を一冊に(上旬号、翌月10日発行)16日～末日までの記事を一冊に(下旬号、翌月25日発行)年22冊。A4判。各号100ページ前後。各号の掲載記事総数約300以上。

詳細な分類・編集
自治体実務経験者が記事を分類、編集。自治体の事業・施策に関する記事・各種統計記事に加えて、関連する国・企業の動向も収録。必須情報がこれ一冊でOK。

見やすい紙面
原寸大の読みやすい誌面。検索しやすい項目見出し。記事は新聞紙面を活かし、原寸サイズのまま転載。ページごとに項目見出しがつき、目次からの記事の検索が簡単。

豊富な情報量
58紙以上の全国紙・地方紙から、自治体関連の記事を収録。全国の自治体情報をカバー。

自治体情報誌 D-file別冊
Beacon Authority (ビーコン オーソリティー) 実践自治

条例・要綱を詳細に収録
自治体が制定した最新の条例、要綱、マニュアルなどの詳細を独自に収録。背景などポイントを解説。

自治体アラカルト
地域や自治体の特徴的な動きをアラカルトとして編集。自治体ごとの取り組みが具体的に把握でき、行政評価、政策分析に役立つ。

実務ベースの連載講座
最前線の行政課題に焦点をあて、実務面から的確に整理。

D-fileとのセット
D-fileの使い勝手を一層高めるために編集した雑誌です。
別冊実践自治[ビーコンオーソリティー]のみの購読はできません。

タイムリーな編集
年4回刊(3月・6月・9月・12月、各月25日発行)。各号に特集を掲載。自治体を取りまく問題をタイムリーに解説。A4判・80ページ。

施策の実例と評価
自治体の最新施策の事例を紹介、施策の評価・ポイントを解説。各自治体の取り組みを調査・整理し、実務・政策の企画・立案に役立つよう編集。

ご購読価格 (送料・税込)

☆年間契約	55,000円=[ディーファイル] 年間22冊　月2冊(1・8月は月1冊)	
	実践自治[ビーコンオーソリティー] 4冊/(年間合計26冊)	
☆半年契約	30,500円=[ディーファイル] 半年間11冊　月2冊(1・8月は月1冊)	
	実践自治[ビーコンオーソリティー] 2冊/(半年間合計13冊)	
☆月払契約	各月5,000円(1・8月は3,000円)=[ディーファイル] 月2冊(1・8月は月1冊)	
	実践自治[ビーコンオーソリティー]=3,6,9,12月各号1,250円	

お問い合わせ、お申し込みは下記「イマジン自治情報センター」までお願いします。

電話(9:00～18:00)　**03-5227-1825**
FAX(24時間)　**03-5227-1826**
インターネット(24時間)　**http://www.imagine-j.co.jp**